隐身电子战概念解析

陈士涛　李大喜　周中良　著

西北工業大學出版社
西　安

【内容简介】 本书通过回顾电子战和隐身技术的发展历程及能力特性，探讨在隐身状态下电子战的作战和相应的装备技术发展问题，提出相应的理论牵引，设计相关的作战概念，辨识关键技术需求，分析隐身电子战概念拓展——赛博空间作战，为隐身飞机作战使用和电子战能力发展研究提供参考。

本书可供从事装备论证、研制、管理、使用的相关人员阅读参考，也可作为军事装备学、信息与通信工程、兵器科学与技术、电子科学与技术等专业的辅助教材。

图书在版编目(CIP)数据

隐身电子战概念解析 / 陈士涛，李大喜，周中良著
. — 西安：西北工业大学出版社，2022.8
ISBN 978 - 7 - 5612 - 8379 - 0

Ⅰ. ①隐… Ⅱ. ①陈… ②李… ③周… Ⅲ. ①隐身技术-电子对抗-研究 Ⅳ. ①E866

中国版本图书馆 CIP 数据核字(2022)第 165998 号

YINSHEN DIANZIZHAN GAINIAN JIEXI
隐 身 电 子 战 概 念 解 析
陈士涛 李大喜 周中良 著

责任编辑：张 潼 **策划编辑**：李阿盟
责任校对：胡莉巾 **装帧设计**：李 飞
出版发行：西北工业大学出版社
通信地址：西安市友谊西路 127 号 **邮编**：710072
电　　话：(029)88491757，88493844
网　　址：www.nwpup.com
印 刷 者：陕西奇彩印务有限责任公司
开　　本：787 mm×1 092 mm 1/16
印　　张：10
字　　数：149 千字
版　　次：2022 年 8 月第 1 版 2022 年 8 月第 1 次印刷
书　　号：ISBN 978 - 7 - 5612 - 8379 - 0
定　　价：68.00 元

如有印装问题请与出版社联系调换

《隐身电子战概念解析》编委会

前言

从空防对抗的发展历程看，面对越来越有效的防空体系，高空高速突防能力曾引领作战飞机的性能发展方向；随着地空导弹的出现，低空突防和电子战的运用成为进攻方突防对手防空体系的良方；而对于防空方而言，低空突防的威胁牵引了预警机的发展，电子战的威胁则推动了抗干扰技战术的进步。

隐身飞机的出现标志着空防对抗新阶段的开始。隐身的主要目的仍是提升作战飞机突防敌方综合防空体系的效能，但突防的技术原理发生了根本性变化，从而引发了作战使用方式的颠覆性改变。

不论是制导雷达还是导弹导引头，电子干扰和隐身都是针对对手防空体系传感器。电子干扰是通过增加噪声的方式，在对手防空体系的传感器中淹没真实的目标信号，使对手“看不清”，或主动应答欺骗信号，使对手“看不准”；而隐身则是通过减少雷达回波信号的方式，使对手“看不见”。

从作战过程中“观察（Observe）—判断（Drient）—决策（Decide）—行动（Act）”（OODA）闭环角度看，电子干扰致使对手传感器“看不清”“看不准”的作战效果是破坏了对手OODA作战环的第二、第三个环节，使对手OODA作战环断裂而无法闭环；对于电子干扰的威胁，由于OODA作战环的第一个环节能力尚在，所以防空方可以通过交叉定位、无源探测、抗干扰信号处理等一系列技战术手段积极应对。而隐身致使对手传感器“看不见”，则从源头破坏了对手OODA作战环的第一个环节。“发现才能作战”是实施作战行动的基本前提，没有发现就没有后续的作战行动。因此，相比于传统的高空高速、低空进入、电子压制干扰等突防手段，隐身从OODA作战环的源头入手，破坏了对手实施作战行动的前提条件，从而使整个OODA作战环没有输入，则后面的环节均是空白。OODA作战环不是断裂，而是根本无法运转。从美军公布的隐身飞机历次演习演练数据和为数不多的几次隐身飞机实际战例可以看出，隐身对于突防效能的提升是十分显著的。

目前，世界上的大国空军正在逐步进入隐身时代，隐身已成为作战飞机突防的主要手段。在隐身飞机发展历程中，对于隐身和电子战的关系一直存在争议。在隐身飞机发展初期，人们对这一问题的认识存在较大差异，随着隐身飞机作战使用经验的积累和反隐身技术与装备发展的威胁，人们对这一问题认识开始悄然发生变化，从初始阶段的分歧逐渐形成了目前较为统一的认识。

夺取制空权的保障是制信息权，制信息权的基础是制电磁权。电子战是未来作战必备的一种制电磁权能力，而隐身则是从另一个视角发展的一种高端制电磁能力，实现这两者的有效结合并深度融合是本书研究的主要目的。

本书由陈士涛、李大喜和周中良撰写，许建虹和吕文婷进行校稿。

在本书的撰写过程中，参考并引用了国内外相关文献，在此，对在这一领域做出重要贡献的专家学者表示崇高敬意和由衷感谢。

由于水平有限，书中难免存在不妥之处，恳请读者批评指正。

著 者

2022年4月于西安

目录

1 电子战发展历程

随着电子技术的飞速发展,电磁对抗领域不断拓展,电子战作战样式和手段不断翻新,更加复杂多变。梳理电子战发展的脉络,对于研究隐身电子战技术和能力需求具有很好的借鉴作用。重视历史才能掌握未来,对电子战发展认识的梳理,是一个从审视角度深化认识电子战能力和发展趋势的过程。

1.1 电子战的内涵和拓展

电子战是指使用电磁能获取制电磁权的能力,即确保己方能有效使用电磁频谱,同时阻止敌方有效使用电磁频谱。电子战行动一般划分为三大类:

1)电子攻击。使用电磁能、定向能或反辐射武器攻击敌方人员、设施或装备,旨在削弱、压制或摧毁敌方的战斗能力的行动,被认为是一种火力形式。

2)电子防护。为保护人员、设施和装备不受己方、中立方或敌方使用电磁频谱以及自然发生现象削弱、压制或摧毁己方战斗能力的影响而采取的行动。

3)电子战支援。为搜索、截获、识别、定位或标定有意和无意电磁辐射源所采取的行动。

尽管这种分类方法对电子战的各个组成部分进行了描述,但在现实中,电磁频谱领域中军事行动的相互关联正变得越来越紧密。

在作战中使用电磁信号支援作战行动是一个渐进发展的过程，其发展历程可以认为是从依托无线电通信手段实施指挥起始，历经指挥协同(通信)→态势感知(有源：雷达；无源：电子支援)→武器引导(通信)→态势协同(数据链)→火力协同(数据链)等若干阶段，并正在向信号共享、“云协同”、任务协同的更高阶段发展。同时，在己方利用电磁信号的基础上，还要千方百计破坏作战对手利用电磁信号的能力，出现了干扰(压制、欺骗等)、反辐射攻击等电磁对抗手段。

传统对电子战的认识是基于对抗角度的，即以敌方为主要关注点，利用敌方的信号感知威胁态势，在此基础上利用己方的信号破坏敌方的信号，电子战行动“后敌而动”。在传统的电子战行动中，感知敌方信号和发射己方信号是通过专用的电子战设备实施的。传统的电子战也被称为电子对抗或电子干扰/抗干扰。

技术进步和装备发展带来了作战样式的更新，在技术进步的推动下，电子战的形态和内涵均发生了较大变化，电子战的内涵外延逐步拓展。电子战能力的拓展是依靠技术进步和装备更新提供的新型能力，这种拓展包括以下三方面内容：

1)利用己方和敌方的电磁信号辅助和实施作战行动，这些是传统的电子战内容，即“后敌而动”。

2)主动利用己方的电磁信号破坏(压制、欺骗)敌方的行动，即“先敌而动”。

3)电子战行动不再是单独依靠专用的电子战设备，而是利用所有发射和接收电磁信号的设备及行动辅助来实施作战行动的，将与发射和接收电磁信号相关的所有设备(不仅仅是专用的电子战装备，还包括所有传感器)及行动均纳入了电子战的行列，即“综合实施”。

1.2 电子战发展阶段

电子战是在电磁频谱领域实施的军事行动，使用电磁频谱能力(不包括简单的视频信号)为作战行动提供支援已成为作战行动的标配。但在过去一百多年间，作战实施电子战的方式发生了巨大变化，这些变化可以描述为几个主要阶段，每个阶段对有源和无源电磁能力及其对抗措施的侧重各不相同。电子战的发展可以描述为以下三个阶段。

1.2.1 阶段一：有源网络对无源对抗措施

电子战的第一阶段可以描述为有源网络和无源对抗措施之间的竞争。有源网络是指用来发现敌方并协调己方行动的无线电台和雷达，无源对抗措施是指用来定位敌方辐射和利用敌方通信的测向系统。

现代电子战竞争的起点可以追溯到无线电台的发明及其在第一次世界大战等大规模军事行动中的应用。电磁频谱竞争的这一早期阶段，主要表现为主动使用电台协调部队的行动并引导火力，以及使用无源测向设备来定位或监听敌方的无线电传输。

虽然在电子战的第一个阶段就已经出现了通信干扰，但它并没有被作战人员广泛使用。早期无线电台的操作人员发现一直按住发报键就可以产生白噪声，从而淹没相同频率上工作的其他无线电台。这种电子战战术的作战价值有限，因为它也会阻止相同频率上己方的无线电通信。由于早期的无线电台的工作频率范围很窄且无法精确调谐，所以很难在干扰一个频率的同时使用另一个频率进行通信。

此外，与扰乱敌方的无线电通信相比，利用敌方的无线电通信通常更有价值，这一因素也削弱了早期干扰战术的价值。初期的测向系统可以定位敌方的无线电台，还可能通过监听其传输来获取情报。第一次世界大战期间交战速度较慢，通常为步兵推进速度，有时为第一代军用卡车或坦克的速度，在这种情况下通常可以及时调整己方部队的方向来规避威胁或在有利位置阻击敌军。但由于作战节奏较慢，即使干扰了敌方的无线电通信，敌方的机动部队也可以使用其他的替代通信手段，如旗语和人力传送，还可以推迟作战，直至无线电通信恢复正常。

军用无线电探测与测距系统，即通常所说的“雷达”，从 20 世纪 30 年代开始在战场上部署。早期的雷达就是简单的无线电，它利用舰船和飞机等大型目标反射的无线电波来确定目标位置。雷达天线可以旋转，用于确定舰船和飞机的大致方位。操作员利用示波器来观察雷达波从发射到返回雷达接收机所用的时间，依此确定潜在目标的距离。

部队利用无源测向战术来对抗新出现的雷达，但很少试图对其实施干扰。由于早期的雷达工作在电磁频谱的高频频段，为了获得较高的有效辐射功率，因此天线口径通常为几米。舰船可以搭载这样庞大的雷达系统，但由于舰船本身运动速度很慢，因此敌方可以利用测向系统对舰船进行定位，然后直接对其实施攻击而无需对舰船上的雷达进行干扰。同样，虽然岸基雷达很容易被干扰，但却很少受到干扰，因为舰载干扰机和地基干扰机很容易被无源测向系统定位。

1.2.2 阶段二：有源网络对有源对抗措施

随着技术的进步，出现了机载雷达和干扰机，战争的节奏也加快了，作战人员在截获和利用敌方电磁传输的同时，也有了阻断这些传输的迫切需求，电子战进入了第二阶段。

对提升空中导航精度的需求促进了有源网络和有源对抗措施之间的竞争。在空射精确制导武器出现之前，轰炸的效果很大程度上取决于飞机导航系统的精度。第二次世界大战初期的轰炸机由于缺乏精确导航系统，因此高空轰炸的效果被极大地削弱了。平均而言，英国轰炸机投出的炸弹只有10%落在了距离目标 8 km 范围内，德国轰炸机的命中率差不多也是这个水平。提高轰炸机作战效能的迫切需求导致无线电台和雷达成为空中导航辅助系统。在大不列颠战役中，德军使用名为“Knickebein”的无线电导航系统引导轰炸机轰炸英国的飞机制造厂。1942 年，英国空军部署了一个名为“GEE”的无线电双曲线导航系统，使英国轰炸机上的机组人员可以利用英国地面站发射的信号来确定自身在飞行中的位置。

无线电导航系统的不断应用催生了第一个专用的有源电磁频谱对抗措施。1940 年，英国部署了代号为“阿司匹林”的假信标来对抗德国的

Knickebein 系统，而德国的防空部队则使用干扰机来阻止英国空军的轰炸机接收 GEE 的信号。有源对抗措施还被用于对抗敌方的传感器和通信网络。

20 世纪 50 年代，有源网络与有源对抗措施之间的博弈开始加速。技术进步使得电子战系统的功率更大，频率范围更宽，波形也更复杂，从而使有源对抗措施在飞机和舰船上获得越来越多的应用。

作为电子战第二阶段竞争主要特点的有源网络与有源对抗的应用在冷战期间变得越来越不可持续。为了实施有效对抗，防区外干扰飞机需要形成足够强的干扰能量，这是当时技术无法满足的。在防区内的作战中，面对具备制导防御性武器（如地空导弹）的敌方，美军需要在进攻部队中分配越来越多的力量用于对抗敌方传感器（如导弹导引头）和通信。越南战争后期，美国攻击机组中有一半至四分之三的飞机用于压制敌方防空威胁。1972 年“滚雷行动Ⅱ”和 1972—1973 年“赎罪日战争”中，单次任务中机组的损失数量约为 2%，相当于 15 次作战行动后飞机损失的比例达 25%。由于动能和非动能相结合的防御系统无法应对制导导弹的大规模齐射，美军还定义了攻击导弹发射平台的作战概念。当意识到这种循环不可持续时，美军开始探索新的途径来实施电子战。

1.2.3　阶段三：隐身对低功率网络

随着苏联传感器、面对空导弹、反舰巡航导弹的数量和质量不断地提升，美国希望利用新兴的隐身技术来打破有源传感器与对抗措施之间的竞争。20 世纪 50 年代起，美国开始探索如何降低舰船和飞机的射频、红外、音频和视频特征。由于雷达是当代远程探测舰船和飞机上能力最强的系统，所以美国最初重点在于研发隐身技术和工艺来降低平台的雷达截面积，同时使用无源传感器以及波形和功率可调的传感器来降低隐身平台的电磁信号辐射。

20 世纪 70 年代，美国国防部高级研究计划局（Defense Advanced

Research Projects Agency, DARPA)研制出首架使用隐身技术的飞机，即“拥蓝”验证机，如图 1－1 所示。

图 1－1 “拥蓝”验证机

“拥蓝”验证机的设计利用了飞机的雷达信号特性主要取决于飞机的轮廓形状和表面反射射频能的棱边数量和构造，而不是飞机的轮廓尺寸这一特性。“拥蓝”是被称作“突袭终结者”的“系统之系统”概念的一部分，该概念计划使用装备有低可探测雷达的隐身飞机和水面发射的远程制导武器来攻击敌方地面部队。

虽然“突袭终结者”计划最终并没有完成，但美国空军利用“拥蓝”验证机作为起点开发出了 F－117“夜鹰”隐身战斗机。F－117 在“沙漠风暴”行动中获得了成功，但它的设计仍具有一定局限性。例如，F－117 设计时减少了机头和机尾方向对火控雷达使用频段的射频反射特性，但 F－117 在侧翼以及其他频段(包括远程预警雷达使用的频段)的雷达信号特征要大很多。使用 F－117 的一个重要收获在于，具有隐身雷达信号特征的飞机可以使用低功率干扰机和其他对抗措施来降低被发现的概率。

美国空军用于替代 B－52 的新型战略轰炸机也将降低雷达信号特征作为优先事项。“先进技术轰炸机”(即后来的 B－2“幽灵”轰炸机，见图

1－2)的设计师，结合 F－117 的经验、教训选择了无尾翼设计并使用了先进技术降低飞机的全向射频特性。

图 1－2 B－2 轰炸机

F－117 和“先进技术轰炸机”项目展示了对抗有源传感器和通信网络的一个新途径。这个途径不是研发功率更大的干扰机和诱饵，而是依靠使用隐身技术、低功率通信和对抗措施来对抗敌方传感器。到 20 世纪 80 年代，美国国防部意识到在其他新的平台设计中也应该使用这种方法。美国空军的“先进战术战斗机”(Adranced Tactic Fighter, ATF)通过外形设计以及使用无源或低功率感知和通信系统来降低雷达特性，ATF 项目竞标的获胜者就是 F－22 飞机，它装备有新的无源光电和红外传感器，并集成了 AN/ALR－94 综合电子战系统，该电子战系统通过对威胁进行无源探测并对飞机的通信进行管控，降低飞机被发现的概率。

1.3 典型战机电子战能力分析

目前常规非隐身飞机的电子战能力基本属于电子战发展的第二个阶段，主要能力是被动感知威胁和有源干扰压制威胁。虽然非隐身飞机的航电系统已由一、二代机的分离式发展为联合式，并广泛采用脉冲多普勒雷达，但在平台层面，非隐身飞机的电子战系统仍与传感器系统、数据交换系统、敌我识别系统在设计上是独立的，设备上是分离的，使用上是不协同的。

隐身飞机的电子战能力进入了电子战发展的第三个阶段。在隐身技术、电子技术和信息技术进步的支撑下，隐身飞机的航电系统已升级为综合式，并广泛采用有源相控阵雷达，实现了雷达电子战协同工作，隐身飞机的电子战能力得到大幅提升。

1.3.1 EA-18G 电子战能力

EA-18G“咆哮者”是美国海军的机载电子攻击飞机，是双座战斗机 F/A-18F 的派生型号。EA-18G 具有与作战飞机同样的飞行性能，不但可以随队实施电子掩护，必要时还可参与空战。EA-18G 上的任务载荷代表了美国机载电子攻击设备的最先进水平。

EA-18G 是美国海军独立发展的，能携带多种电子攻击任务载荷，可以干扰、压制以及用反辐射导弹摧毁敌方雷达，还能干扰敌方通信，从而保护、协助己方飞机或地面部队执行任务，如图 1-3 所示。EA-18G 的发展体现了美国空军和海军在隐身与电子战关系认识上的差异。

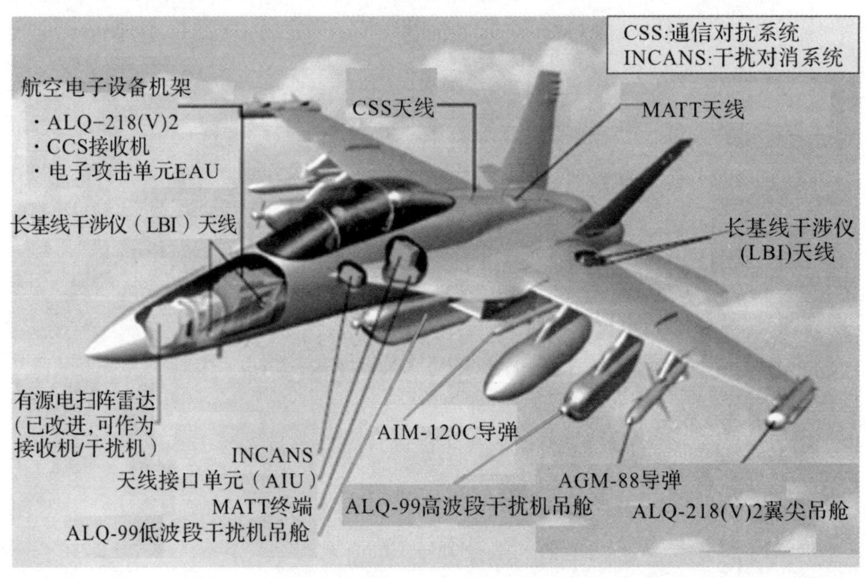

图 1-3　EA-18G 的任务载荷

EA－18G保留了一定的空战和对地攻击能力，并且在平台性能上比EA－6B有大幅提升，能满足与海军空中编队一起执行任务的飞行性能要求。

EA－18G装备的下一代干扰吊舱"NGJ"(Next Generation Jammer)是美军威力最强大的机载电子攻击系统，美国海军计划用NGJ低、中、高三种吊舱替换现在使用的ALQ－99吊舱。ALQ－99吊舱的频率范围是509 MHz～18 GHz。NGJ低、中、高波段的工作频段分别是100 MHz～2 GHz，2 GHz～6 GHz，6 GHz～18 GHz。

NGJ干扰吊舱是美国先进电子技术的集成体现，其有效辐射功率高，电子干扰距离更远、覆盖范围更大，攻击的敌方威胁信号数量更多，频率覆盖范围广、频率输出精确，采用开放式架构，可随时根据对手新出现的电子对抗技术进行相应升级。

EA－18G是第一型在演习中模拟"击落"F－22的飞机，通过仿真研究，这种作战过程是有可能实现的。EA－18G超视距"击落"F－22主要是依靠比F－22更强的制电磁能力，前者用制电磁能力弥补自身在隐身能力上与F－22的差距。EA－18G通过ALQ－218吊舱被动定向F－22的辐射信号，但缺乏距离信息，不能精确引导AIM－120C导弹实施攻击，因此F－22对EA－18G具有"先发先射"的优势。而EA－18G则利用其自身强大的电子对抗设备，对F－22的AN/APG－77有源相控阵雷达，以及F－22与AIM－120C导弹之间的数据链路实施干扰，破坏了F－22对AIM－120C导弹的中制导条件，使AIM－120C导弹的攻击失效。要想使AIM－120C导弹以更高的概率击落EA－18G，F－22就需要更接近EA－18G，而一旦进入EA－18G机载雷达的探测范围，EA－18G即可根据雷达获得的距离信息，精确引导AIM－120C导弹对F－22实施攻击。

1.3.2 F－22电子战能力

F－22是美国洛克希德·马丁公司和波音公司联合研制，于21世纪初期陆续进入美国空军服役，也是世界上第一种进入服役的隐身战斗机，如图 1 - 4 所示。F - 22 的作战优势体现在三个方面:一是隐身与气动完美融合的平台优势,二是多功能综合射频管控的信息优势,三是机弹配合与多机协同的火力优势。

图 1 - 4　F - 22 隐身战斗机

F - 22 的多功能综合射频管控的信息优势体现在 AN/APG - 77 有源相控阵雷达和 AN/ALR - 94 综合电子战系统一体化设计的技术能力和有效协同上。F - 22 将低可观测性与电子战有效融合为一体。

AN/APG - 77 有源相控阵雷达具有很强的探测性能,具有优异的低可截获特性,除传统雷达的功能外,AN/APG - 77 还具有灵敏的威胁告警、针对性的主动电子对抗性能,并实现了雷达、电子对抗和通信等多种射频功能的综合。AN/APG - 77 可对 X 波段的火控雷达和制导雷达实施主动干扰,主动干扰使用的功率很小,针对性很强,具有良好的低可截获特性。F - 22 的传感器系统和计算机系统还能通过识别敌方的雷达信号,判断敌方雷达建立起锁定状态所需时间的长短,做到向敌方雷达发射主动干扰信号的时间刚好与敌方雷达解锁的时间相匹配,达到精确可控干扰的效果。在条件允许时,AN/APG - 77 的主动干扰也可采用大功率烧穿干扰模式，对敌方制导雷达的前端造成物理毁伤。

AN/ALR－94综合电子战系统组合了雷达告警、电子支援、精确测向和窄波束交替搜索与跟踪功能，除能探测主瓣信号辐射外，还能探测旁瓣信号辐射，且能对辐射目标进行精确定位与跟踪。据资料介绍，AN/ALR－94采用长基线干涉测量技术，能在185 km以上距离为AGP－77雷达提供精确的目标方位指示。在AN/ALR－94的指示下，AGP－77雷达可不采用大空域扫描方式，而采用2°×2°(方位×俯仰)的针状窄波束对所指示的方向进行扫描，在降低被截获概率的同时提高搜索效率。AN/ALR－94还可对高威胁辐射源(如在近距离上打开雷达的敌方战斗机)进行实时跟踪，其测向结果可作为AIM－120空空导弹的火控数据使用，目标精确距离和速度信息则由AGP－77雷达提供。

由于在隐身飞机发展初期对隐身与电子战的关系认识的差异，F－22没有装备专用的电子战设备，只能利用AN/APG－77有源相控阵雷达的主动干扰，在X波段实施有限的电子对抗。

F－22装备有通用数据链和机间数据链，可在己方战术编队内实现战术数据信息共享，可实现更高效的战术信息实时协同。在F 22编队中，只要求位置最突前的2架F－22的机载雷达保持开机状态，而编队中的其他F－22则保持雷达静默。雷达开机的F－22将探测的目标信息通过机间数据链与其他F－22战机共享。编队中的F－22利用多机协同的网络化信息优势，实现编队之间的火力协同，一机探测，多机攻击，并可运用它机制导方式，实施多机协同的火力攻击，将信息优势转化为最后解决问题的火力优势。

1.3.3 苏－35电子战能力

俄罗斯面对F－22的威胁，在苏－57未能形成作战能力前，以第四代技术为核心，结合第三代技术发展了苏－35战斗机，用于填补其隐身飞机问世前的空缺。

苏－35采用一种强探测＋强火力的非对称发展方式抗衡F－22，其没有采用隐身设计，而是通过装备多样性的探测系统，携带多达12枚超视距空空导弹等方式对抗 F－22。苏-35 的探测系统在多样性、探测范围与距离上均居当代世界之最，其探测系统性能如图 1－5 所示。

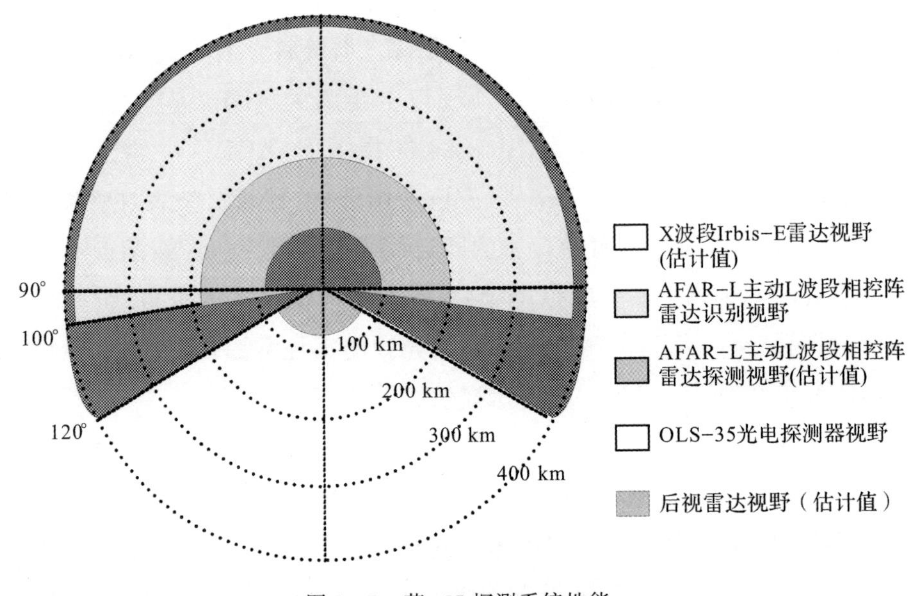

图 1－5　苏-35 探测系统性能

苏-35 是飞机中在“多频谱探测”方面做得较为彻底，其探测频谱覆盖了 X、L、红外等波段，使得对手要瘫痪其探测能力极为困难。这种多频谱特性在俄制战斗机上已初步具备，但在苏-35 上，这些设备的作用距离与精度大幅提高，雷达作用距离远达 400 km。L 波段雷达由于波长较长而难以提高分辨率，苏-35 则借助特殊的天线设计，使 L 波段雷达理论上具有了 X 波段雷达的二维指向性，从而提供了以 L 波段雷达实施火控引导的可能性。苏-35 红外波段传感器的性能也成倍提升，OLS－35 采用阵列扫描传感器，瞬时视场达 150°×24°，在迎面与追击时的“稳定探测距离”分别可达 40 km 与 70 km。

苏-35 装备有“希比内-M”电子对抗套件。“希比内-M”套件由探测和对抗部分组成，工作在最常见高频波段（H～J 波段）的组件都内置于机身，需要时还可在翼尖安装两个干扰吊舱覆盖中频波段（E～G 波段）。类似“希比内-M”系列电子战吊舱这类自卫干扰系统是目前世界各国机载电子战装备和发展的重点，几乎所有的先进作战飞机均装有这种系统设备。机载电子干扰吊舱是因飞机内部没有留空间，只能将电子自卫干扰系统的设备外挂在吊舱上或者机身的其他部位，而不影响飞机对武器和燃料的携带，同时根据各种飞机的性能和作战要求，可方便地更换不同用途的电子自卫干扰系统的模块化设备。

苏-35以超群的探测能力和强大的火力组合，加上平台本身卓越的机动能力，对F-22具有相当的自主预警能力，并具有远距攻击F-22的能力，在近距则相对于F-22具有压倒性优势。因此分析认为，苏-35对F-22具有相当的免疫能力。

苏-35可利用编队形成对隐身飞机的前置预警探测网。4架苏-35编队可利用机载雷达，通过数据链联网，构建正面宽2500～3000 km的防卫阵面，这种防卫阵面探测范围的宽度大于任何性能优秀的预警机(甚至大于绝大多数国家的领土尺度)，加上苏-35对F-22具有相当的免疫能力，在面对隐身飞机的威胁环境下，其生存性高于预警机。在战术运用上，可前置部署若干架苏-35作为前线的主要侦察节点，并将获取的信息发送给指控能力较强的预警机，由于预警机可以配置在后方，从而规避了F-22的威胁。由预警机和苏-35机群组成的空中预警与指挥系统的探测范围与生存力都大幅提高。

苏-35借助大幅增强的探测能力、自卫能力以及独特的武器系统达到了先进隐身战斗机的作战能力，但其发展的技术难度明显低于完全定位于隐身设计的隐身战斗机。

1.3.4 F-35电子战能力

F-35具有较优异的隐身能力，其综合一体化航电技术的先进程度超过了F-22，如图1-6所示。

F-35的航电系统采用统一的光纤数据网络替换了F-22的多种总线混合，提高了性能和可靠性；处理综合能力进一步深化，采用“综合核心处理机(ICP)”完成包括雷达和电子战系统在内的全部传感器和设备的信号/数据处理工作，传感器数据融合水平进一步提高，射频综合更为彻底，射频天线数量进一步减少。

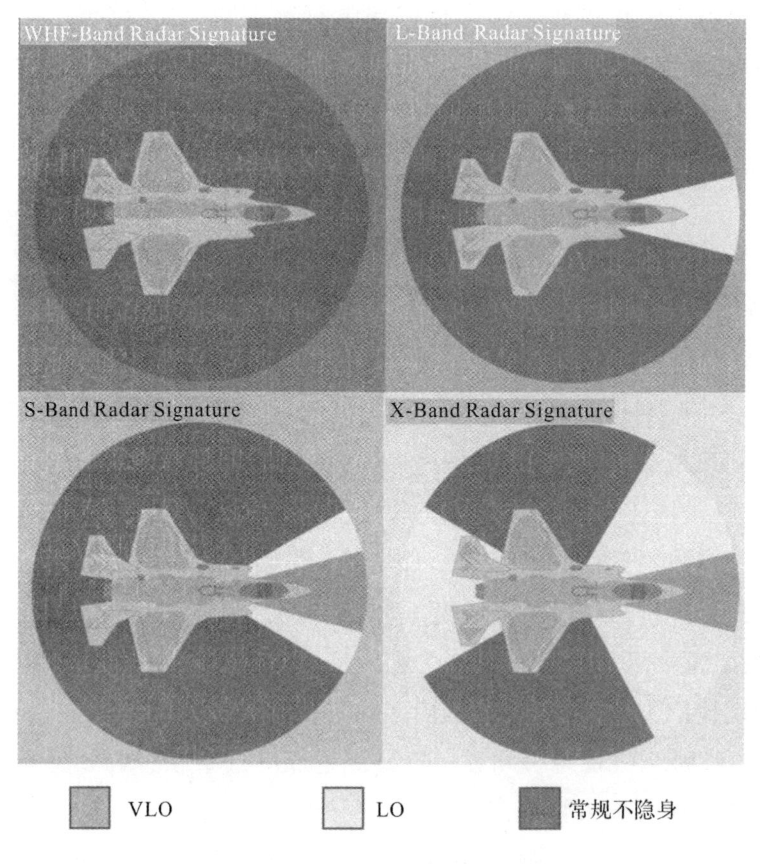

图 1-6　F-35 隐身能力示意图

F-35 配装有 AN/APG-81 相控阵雷达系统、AN/AAQ-40 光电瞄准系统、AN/AAQ-37 分布式孔径系统(Distributed Aperture System, DAS)、AN/ASQ-239 电子战系统、AN/ASQ-242 通信导航识别系统等，这些先进的主动和被动探测系统融合在一起，成为当代最先进的目标探测系统。F-35 装备的 AN/APG-81 雷达是在 F-22 的 AN/APG-77 有源相控阵雷达的基础上改进发展的，综合了电子战功能，实现了真正意义上的多功能综合射频系统。由于 F-35 与 F-22 的功能定位不一样，因此 AN/APG-81 的优势在于对地工作模式，其合成孔径雷达(Synthetic Aperture Radar, SAR)的地图测绘、地面移动目标指(Ground Moving

Target Indication，GMTI）、海上移动目标检测等空对地/空对海工作模式的性能远超过 AN/APG－77 有源相控阵雷达。

F－35 的全数字式电子战系统可为飞机提供全向雷达告警能力，可对雷达搜索范围和频率覆盖不足进行补充，可为 AN/APG－81 雷达提供敌机精确的目标方位指示。AN/APG－81 雷达在电子战的指示下可不采用大空域扫描方式，而采用针状窄波束对所指示的方向进行精确扫描，在减小被截获概率的同时提高搜索效率。F－35 的电子战系统具有电子战系统综合管理能力，包括对干扰箔条和曳光弹的投放管理等。

虽然与 F－22 一样，F－35 没有装备专用的电子战吊舱，但是采用了 AN/ASQ－239 电子战/对抗措施系统。这是一套集成的硬件和软件系统，该系统可以搜索、检测、识别、定位和对抗射频/红外威胁，为 F－35 提供威胁检测和自我保护。F－35 具备有源干扰能力，但由于没有配备电子战专用的功放和天线，只能用机头的雷达孔径发射干扰信号，故干扰频段和干扰角度都受到了限制，只能对机身前方的 X 波段雷达目标实施干扰。同时，由于雷达孔径的增益很高，波束很窄，因此可以对 X 波段目标雷达实施精确的高增益干扰。

1.3.5 苏－57 电子战能力

俄罗斯过去重视隐身技术不足，在 F－22 出现后，为与之抗衡开始研制苏－57。俄罗斯发展新一代战斗机的思路与美国有较大区别。在空优战斗机发展中，俄罗斯对美军的“三先”（先敌发现、先敌射击、先敌摧毁）理念和近距格斗给予了同等的重视。俄罗斯认识到自己在航电领域明显落后于美国，因此在没有“三先”优势的情况下，更重视战斗机的近距格斗能力，从苏－57 的发展即可以看出。

苏－57 采用常规气动布局，沿用了苏－27/30 系列的分离双发与突出尾椎设计，利用机腹中线空间形成内埋弹舱，并采用了大量隐身外形设计。但从苏－57 的气动结构特性可明显看出，苏－57 的外形设计是针对气动性能进行的优化，而非针对隐身性能，这表明了俄罗斯人对隐身飞机的独特理解。苏－57 的设计充分体现了俄罗斯的作战思想，即更注重总体气动性能，绝不为了隐身而放弃一切。据分析，苏-57隐身性能不如F-22，但其机动性和作战半径要优于F-22。在气动总体设计上，苏-57优于F-22。

苏-57采用了苏-35强大的多样化探测能力理念，其雷达包括前、后、侧视共5部有源相控阵雷达，在波段上涵盖X、L甚至毫米波段。苏-57还配有前视光电探测仪以及全向光电感测器，使苏-57不论在探测、火控还是告警等方面均有多种频谱资源可用。图1-7为苏-57雷达和光电设备示意图。

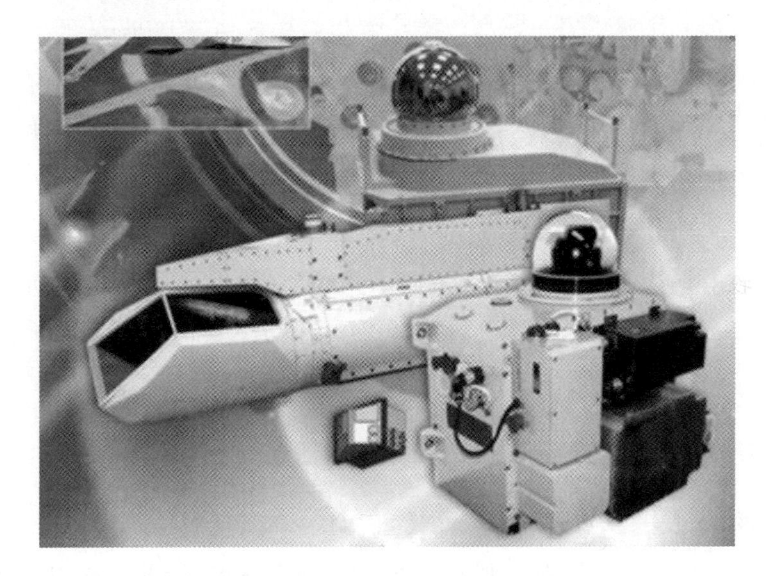

图1-7　苏-57雷达和光电设备示意图

苏-57采用适当的隐身设计，配装波段上涵盖X、L甚至毫米波段的雷达、光电雷达，及配挂多枚不同制导体制的空空导弹等措施，其所可能具有的反隐身对抗潜力值得关注。

在俄罗斯苏-57的发展中，俄方提出了苏-57与苏-35“奇正搭配”的设想。作为编队主力的苏-35组成预警探测网，为编队提供战场信息和威胁预警，并应对非隐身战斗机的威胁，苏-57则保持电磁静默混在编队中。苏-35对隐身战斗机具备相当的免疫能力，因此该警戒网不易被打破，待发现隐身战斗机或高威胁目标时则由苏-57出面“摆平”。此时整个编队的作战主动权不会轻易被隐身战斗机夺去，且由于苏-35本身具备对隐身战斗机的免疫力和反击能力，故敌方隐身战斗机在面对真正的对手苏-57之际，仍需要考虑来自苏-35的威胁。此外，苏-35重型武器的搭载数量远大于苏-57，在威胁较小的情况下能发射更高密度的火力。俄方认为，这种“奇正搭配”的作战效能优于单纯的苏-35或苏-57编队。

俄方的这种认识有其合理性。单纯的苏-35编队即使具备反隐身特性，处境也较为被动，战场主动权完全掌握在隐身战斗机手上。单纯的苏-57编队在对抗隐身飞机时又受到射频隐身、发现能力和火力不足等因素的制约。而两者“奇正搭配”则可以利用各自的优势，弥补各自的不足。在这种发展理念的牵引下，俄方很注重苏-57与苏-35在设计上的通用性，二者在航电设备和武器上可视为一型飞机。

苏-57与苏-35的“奇正搭配”与F-22和与F-15的“新老搭配”相比，具有明显的优势。虽然F-22是性能绝佳的制空战斗机，F-15则能在威胁较小时发射猛烈的火力，然而F-15并不像苏-35那样对隐身战斗机具备免疫力甚至反击能力，故F-22与F-15在面对隐身战斗机时并不能发挥这种“奇正搭配”的作战效果。相比之下，F-22与EA-18G搭配却有可能显现“奇正搭配”的效果，但这涉及美国空海军之间的合作问题。

1.4　电子战能力发展的启示

在作战飞机的发展历程中，电子战能力的发展日新月异，其变化速度、能力提升速度是所有飞机系统中最快、最频繁的。通过对电子战发展脉络的分析，及对几类典型装备电子战能力的剖析，对电子战系统发展的方向可得出以下几方面的认识。

(1)电子战系统综合化程度越来越高

从F-22、F-35的发展历程看，多功能综合射频系统的特征十分明显，从苏-35的特点看，苏-35除强化感知能力外，还强化了火力，注重感知与火力一体运用。

从各代战斗机发展的历史沿革看，在航电领域，一代、二代机为分离式；常规非隐身飞机为联合式，采用脉冲多普勒雷达；隐身飞机为综合式，采用有源相控阵雷达。依据惯性原理推论，未来新一代战斗机的航电应为一体式，采用综合分布式孔径。

再看智能手机发展的启示：手机已从原来一个单功能的通信设备，逐步发展为现在的集照相机、摄像机、录音机、收音机、导航仪、手电筒等多功能为一身的综合设备。

实践证明，高度综合化是未来信息设备发展的必然趋势，电子和信息技术的发展为电子战系统高度综合提供了支撑。在进一步强化、深化射频系统的综合特征的基础上，将武器纳入任务系统综合的范畴，深化电子战系统的内涵，形成一体化综合的任务系统将是电子战系统发展的趋势。

(2)电子战的任务外延逐渐拓展

电子战系统综合化程度越来越高，体现出电子战系统的内涵在不断深化，逐渐将雷达、光电、武器等本机任务设备纳入其中。除此之外，从F－22、F－35、苏－35、苏－57电子战能力发展的脉络可看出，电子战任务的外延也在不断拓展。

传统电子战主要包括无源感知和有源干扰两项主要任务，设备主体是告警器、电子支援设备和电子战系统，任务主体是威胁感知、告警和对抗。电子战系统逐步将雷达、敌我识别器、数据链、光电传感器等设备综合在一起，一体化使用为作战提供综合信息。电子战系统的内涵大幅深化，这必然带来电子战任务能力外延的极大拓展，如在原有主要应对威胁能力的基础上，向态势共享、火力控制、武器引导、编队协同等多功能拓展。

不论是电子战系统内涵的深化，还是电子战任务能力的拓展，都是由作战样式变化需求牵引(尤其是隐身作战需求)以及电子和信息技术的进步所推动的。电子战任务外延的拓展对电子战系统的综合化提出了更高的需求，同时，电子战系统综合化的进步也为电子战任务的外延奠定了基础。

(3)电子战手段的形式多样化

随着作战样式的变化和技术的进步,电子战手段的形式越来越多样化,主要体现在综合化、隐蔽化、无边界化等方面。

1)综合化体现在多种攻击手段组合使用上。传统的电子战装备功能是相互独立且单一的,新型电子战装备的功能具有了多样化的特点。例如有源相控阵雷达实现了雷达电子通信干扰功能一体化,舒特系统兼具电子攻击、网络攻击和侦察探测等多项能力。

2)隐蔽化体现在攻击形式的隐匿和攻击主体的隐身两个方面。攻击形式的隐匿指在对敌方实施电子攻击时,敌方察觉不到正在遭受攻击,从而不做任何反应,如舒特系统;攻击主体的隐身指隐身飞机利用隐身优势对敌方实施电子攻击,使敌方难以明确攻击的来源。

3)无边界化指电子攻击所具有的放大和深化作用。随着信息系统网络化的发展,某一系统的终端已经不再是传统意义上的“终端”,而是网络大部分实物的起点和源头。对某一系统终端的攻击,仅仅可能是对其后面相连的复杂网络系统攻击的开始。

(4)任务系统一体化趋势明显

未来作战的首要形式是信息作战,信息系统的高度综合必然会引发飞机任务系统的一体化发展趋势。同时,前三点启示也强烈呈现出了对任务系统一体化的需求。

本书中飞机任务系统主要包括所有射频设备和武器。从平台角度看,飞机向外部发出射频信号的设备、接收外部射频信号的设备、飞机向外部投射的攻击武器和自卫武器,以及相关的处理设备构成飞机的任务系统。也就是说,飞机的射频系统和武器系统均应在任务系统的统一框架下综合考虑,由任务系统综合管控。

通过隐身飞机作战使用研究认识到,与非隐身飞机不同,隐身作战状态下,被动传感器成为主体,主动传感器一定要在被动传感器的引导下,基于风险/收益评估后使用方能有效发挥作用。因此,实现主被动传感器的一体化是大势所趋。面对未来空战进入全面隐身作战的态势,一体化的程度应进一步提升，通过前三点启示可看出，任务系统的一体化是作战使用的强烈需求，是航电系统发展的大势所趋。

一体化的任务系统需要一体化的技术提供支撑，集侦察、干扰、探测、通信、对抗、管控、打击于一体的综合技术是一项颠覆性的新技术，新技术的进步将会引发全新的装备形态和作战样式。

(5)无源系统重要性越来越显著

不论是F-22、F-35，还是苏-57，采用电子战引导雷达工作都是主要工作模式。实际上这是电磁威胁环境越来越险峻，以及隐身/反隐身作战样式出现所导致的必然结果。采用电子战引导雷达工作也成为隐身作战的定势，既可降低雷达被截获的可能，又可大幅提升雷达的搜索效率。

通过对隐身飞机作战的研究，作战飞机的无源感知能力在隐身/反隐身对抗中的重要性越来越显著。隐身飞机在隐身作战状态下，由告警器、电子支援设备、数据链、机载有源相控阵雷达的被动模式以及光电探测设备构成的被动感知系统，是对外部战场环境进行感知的主体。而无源感知能力是传统电子战系统的主要能力，是电子战系统的强项。

在隐身作战状态下，被动传感器成为主体，主动传感器一定要在被动传感器的引导下，基于风险/收益评估后使用方能有效发挥作用。因此，这就要求主被动传感器实现一体化。在非隐身飞机中，电子对抗是传感器和机载武器系统的子系统，其任务是分离的，是从属性的，但在隐身作战飞机中，由于隐身成为发挥其他能力的前提，机载传感器和其他电子系统必须服从隐身这一前提，电子对抗成为机载电子系统设计的核心和主线，其“根”在于射频管控。因此，隐身飞机的机载电子系统一体化设计应以电子对抗为主线进行发展。

手机的发展可以为任务系统的一体化综合由电子战牵头提供启示。目前，手机已从单一的通信工具发展为多用途工具，但为什么是由手机综合这些功能，而不是由相机综合？原因很简单，因为手机常用。在作战中也是这个道理，飞机的其他射频设备只是在特定的任务时间段内处于工作状态，而电子战系统则处于常开状态，尤其是在隐身作战状态下。

(6)隐身与电子战相结合

隐身与电子战相结合包含两方面的内容。一是利用电子战感知、电子对抗形成与隐身飞机对抗的能力,EA－18G 战胜 F－22 的案例证明这是可行的;二是采用电子战措施弥补隐身能力的不足,EA－18G 战胜 F－22 的案例、苏－35 抗衡 F－22 的设想支持这一认识。

EA－18G 的案例提供了战斗机发展的新思路,提高电子压制能力可达到与隐身相似的、阻止对方有效探测和跟踪的作用,改善电子侦察能力则可以提高对隐身目标的捕获和锁定能力。而这正是隐身作战条件下,电子战发展的重点方向。

依据前期对飞机隐身能力特征研究的认识,对隐身能力的需求为全频、全维、全状态的“三全”隐身。有专家认为,隐身飞机已将隐身和气动的结合做到了极致,后续发展很难超越,这种认识有其合理性。因此,在现有技术基础上,再大幅提升飞机的全频、全维、全状态隐身性能将可能付出超额的代价。

在飞机隐身的三项主要技术措施中,基于气动外形的结构隐身和基于吸能涂层的材料隐身已接近物理极限,尤其是面对低频段的探测系统。飞机隐身的第三项技术措施为基于信息对抗的电子隐身,从技术发展趋势预期,利用电子战手段实现或辅助隐身还有较大的上升空间。

(7)协同作战层次更高更深

依据目前的认识,协同可分为本机、编队和体系三个层次。本机协同的实质就是前面讨论的任务系统的一体化综合,编队或体系协同的实质则是编队或体系内各平台感知信息、指挥信息、武器火力的交互协同。目前主要关注的是编队间的协同,对更深层次的本机协同与更高层次的体系协同的研究还不深入,这其中涉及技术问题,但目前存在的主要问题可能还是理念认识问题。

隐身飞机的编队协同概念,使战斗机的编队协同从指挥协同、态势协同上升到了火力协同层面,并有进一步向信号协同层面发展的趋势。除此之外,F－22、F－35 的本机协同还向更深层次发展,F－35 实现了真正意义上的多功能综合射频系统，并呈现出了一体化任务系统的雏形。美军提出的“航空航天战斗云”概念则是向体系协同层次推进的设想。

(8)能量释放精确控制

F－22的AN/APG－77有源相控阵雷达采用2°×2°(方位×俯仰)的针状窄波束对AN/ALR－94综合电子战系统所指示的方向进行扫描，AN/APG－77主动干扰使用的功率很小，针对性很强，还能做到向敌方雷达发射主动干扰信号的时间刚好与敌方雷达解锁的时间相匹配，可达到很好的干扰效果，做到了精确电子战。

精确电子战是隐身飞机实施电子战的发展方向，否则隐身飞机在使用电子战手段时，将自己主动放弃隐身状态。隐身飞机在使用电子战手段时，不是全面放弃隐身状态，而是在态势判读的条件下，依据风险/收益评估，有选择地在某些区域放弃隐身状态实施电子战。隐身条件下的电子战必须是精确电子战。

精确电子战依赖于能量释放的精确控制，同时还依赖于对战场态势的精确闭环感知和对电子战效果的精确评估。

据报道，F－22的AN/APG－77有源相控阵雷达具有聚焦辐射能量、烧穿敌方制导雷达前段的能力，在电子干扰“软杀伤”的基础上，实现了对敌方设备的“硬杀伤”。随着技术的进步，利用电磁武器实施“硬杀伤”，使电磁从压制火力、引导火力、精准火力向替代火力方向发展。激光、微波等技术的进步为实现电磁替代火力提供了可能性。

2 隐身技术带来的作战变革

隐身技术是现代军事技术发展的一次重大革命，正像钱学森曾指出的："隐身技术的出现，与当年的原子弹具有类似的意义。"隐身技术在战斗机上的应用将彻底改变现代空战的性质。

隐身是针对传感器而言的，按照传感器类别，隐身主要分为雷达（针对雷达探测）隐身、红外（针对光电探测）隐身和射频（针对电子对抗截获接收机探测）隐身三类，因此在研究隐身问题时要了解相应的传感器特性。隐身问题包括三个要素，即目标特性[散射源（雷达）、辐射源（红外、射频）]、传感器[主动（雷达）、被动（红外、电子支援设备）]、传播介质[空气（对红外有明显影响）]。基于本书的关注点，在此只讨论雷达隐身和射频隐身两项内容。

2.1 雷达隐身特性

隐身问题是从雷达隐身起始的。雷达是现代战场中的主要探测手段，尤其是对于空中目标。电磁波遇到物体后产生散射，部分散射的电磁波返回发射雷达，被雷达接收并经信号处理后，产生物体图像。在飞机的隐身性能中，雷达隐身性能具有最高的优先级，常说的飞机隐身性能通常指的是飞机的雷达隐身性能。

一般认为目标的雷达散射截面积（Radar Cross Section，RCS）在 1 m^2 以上为常规不隐身目标，RCS 在 0.1～1 m^2 范围内的目标为低可探测性目标（Low Observable，LO），RCS 在0.1～0.01 m^2 范围内的目标为极低可探测性目标（Very Low Observable，VLO），RCS 在 0.01～0.001 m^2 范围

内的目标为超低可探测性目标(Very Very Low Observable, VVLO)。

隐身技术的发展给作战的杀伤链路带来了十分明显的影响,尤其是当目标的RCS达到或低于0.01 m^2 量级时,雷达的探测距离会急剧下降,导致导弹导引头难以正常截获目标,导弹引信无法正常启动。更进一步的是,隐身战斗机将隐身、超声速巡航、高机动、综合航电等先进技术集于一身,形成了空中作战的“先敌发现、先敌攻击、先敌摧毁”的战场压倒性“主宰”优势。

2.1.1 飞机雷达隐身基本特点

飞机雷达隐身具有以下三个基本特点。

(1)外部照射特性

飞机的雷达隐身性能是针对敌方雷达传感器的主动探测而言的。飞机的雷达隐身特性是一种在外部照射下才能显现出的特性,雷达是通过目标的二次散射功率发现目标的,因而雷达隐身的实质是一个低可探测性问题。由于飞机的雷达隐身特性与外部照射相互对应,因此,飞机的雷达隐身性能与外部照射源的技术状态密切相关。外部照射源的频率、极化等特性对飞机的雷达隐身性能有直接影响。

雷达发现目标的距离用雷达方程描述,雷达发射功率、天线增益、波长和目标的RCS越大,雷达的灵敏度越高,雷达对目标的探测距离就越远。雷达方程如下:

$$R_{\max} = \left[\frac{P_t G^2 \lambda^2 \sigma}{64\pi^3 S_{\mathrm{imin}}}\right]^{\frac{1}{4}} \tag{2-1}$$

式中:$R_{\max}$—— 雷达作用距离;

P_t—— 雷达发射功率;

G—— 雷达天线增益;

λ—— 雷达波长;

σ—— 目标雷达散射截面积(RCS);

S_{imin}—— 雷达最小可检测信号功率。

(2)单一参数描述

从雷达方程可知，在雷达性能确定的条件下，飞机的雷达隐身性能则只取决于飞机的雷达散射截面积。RCS是衡量一个物体把照射到自己的雷达波反射回照射雷达的能力，反射回照射雷达的能量越多，物体的RCS就越大，照射雷达接收到的信号就越强，雷达对这个物体就“看”得越远。

从雷达方程知，雷达发现目标的距离与该目标RCS的四次方根成正比。若飞机的RCS减小一个数量级(1/10)，则雷达探测距离相应降低为原来的56%，即减少了44%；若飞机的RCS减小两个数量级(1/100)，则雷达探测距离相应降低为原来的32%；若飞机的RCS减小三个数量级(1/1000)，则雷达探测距离相应降低为原来的18%；若飞机的RCS减小四个数量级(1/10 000)，则雷达探测距离相应降低为原来的10%。

如果飞机的RCS从10 m^2(非隐身飞机)降到0.01 m^2(隐身飞机)，即原来的1/1000，则雷达对该飞机的探测距离将降低为不到原来的20%。原来设计作用距离能够达到400 km的雷达，对隐身飞机只能“看”80 km。加上战斗机的飞行速度提高了一倍，对方的预警时间将大幅减少。这种变化对作战的影响极大，可能使基于拦截非隐身飞机构建的防空体系整体失效。

(3)固有设计特性

飞机的RCS是一个与飞机设计结构相关的独立变量，取决于飞机的结构形状和表面的吸波涂层。飞机的外形一旦确定，其RCS也基本确定，因此通过飞机外形的推算和测试即可大致估算该飞机的雷达隐身性能。

降低飞机RCS主要有三个手段，一是外形设计，二是吸波结构设计，三是采用吸波材料。飞机通过外形设计、结构设计和采用表面吸波涂层，将雷达的照射的能量向其他方向散射或吸收，大幅减少反射回照射雷达接收天线的照射能量，使雷达接收的信号能量不够，达不到相应的信噪比要求，分辨不出目标，从而使飞机达到隐身效果。因此，飞机的雷达隐身性能是飞机的一种固有设计特性，一旦设计定型，其雷达隐身性能就基本确定。

RCS的降低不是无限的。从雷达方程可知,RCS与雷达探测距离不呈线性正比,而是后者与前者的四次方根呈正比,RCS降低为原来的1/16,探测距离才能减半,而且降低飞机的RCS代价很大,受到飞机的飞行性能、成本、材料、工艺等因素的制约。因此,装备的性能并不是越高越好,而是够用最好。飞机RCS的确定是在满足作战需求(与威胁相平衡)、技术经费可行(满足研制能力)之间寻求平衡的问题,即飞机的雷达隐身是一个在需求与可能之间寻求平衡的问题。

2.1.2 飞机雷达隐身传感器特性

飞机的雷达隐身是针对敌方雷达传感器的主动探测而言的,因此研究飞机雷达隐身性能就必须从雷达传感器的角度进行。针对雷达传感器的技术特性和战术运用特点,飞机雷达隐身传感器特性体现在以下五个方面。

(1)方向特性

飞机的RCS是一个与飞机设计结构相关的独立变量。由于飞机结构的特点,其各方向的RCS是不一样的,要做到各方向的RCS都很小是不可能。

飞机所面临的威胁与三维空间角度相关,各个方向的威胁程度是不同的,构成威胁的武器不同,武器的状态也不同,各方向的威胁程度存在明显差异。如敌方飞机(战斗机、预警机)的威胁主要来自前半球,远程地空导弹的威胁则主要来自下半球的上半部分。对于空空导弹和地(海)面防空导弹来说,迎头攻击是最常见的一种作战模式。对于空战,迎头攻击处于机载雷达和空空导弹的最佳作战角度,而且目标相对飞行状态稳定;对于地面拦截,迎头攻击的杀伤区最大。因此,机头方向是威胁最大的方向。

综上可知,在考虑雷达隐身设计时,依据飞机作战的特点,对飞机各方向的RCS指标的要求是不一样的,威胁大的方向要求高,威胁小的方向则可以适当降低要求。

本书提到的隐身飞机的隐身特性通常是指飞机前向的隐身特性,也就是隐身飞机隐身性能最好的方向的隐身特性。飞机侧面和尾部的RCS较大，雷达的探测距离就会较大。这也是抗击隐身飞机作战运用的方法之一。

（2）频段特性

飞机的 RCS 对照射雷达频率的敏感程度较高，这与电磁波的特性有关，电磁波的频率不同，则波长不同，而电磁波的波长对物体形状尺寸的敏感程度存在较大差异，从而使外形结构确定的飞机在不同频率雷达照射下呈现出不同的 RCS。当雷达波长与隐身飞机的尺寸相当时，隐身飞机就不隐身了，这也是采用 L 频段雷达可提高对隐身飞机的发现概率的理论依据。但波长太长时测量精度会显著下降，无法支持导弹制导。

从战场看，不同频段的雷达所构成的威胁程度存在较大差异。雷达的工作频段一般根据雷达的用途决定，预警雷达一般工作于 P、L、S 频段，机载火控雷达一般工作于 X 频段，防空武器的制导系统一般是 C、X 等频段，导弹的导引头一般工作在 Ku 频段。因此，从作为制空战斗机的隐身飞机的作战任务可知，X、C、S 频段的威胁远大于 L 和 Ku 频段。因此，基于制空战斗机的定位，飞机雷达隐身的设计重点针对 X 频段，其指标要求是最严格的。

（3）起伏特性

由于结构的特点，飞机在各个方向上的 RCS 变化并不是平均的，而是存在起伏的。起伏所引起的 RCS“尖峰”有可能远大于该区域的 RCS 平均值。若飞机在机头方向的平均 RCS 很小，但在某个角度范围内，又存在较宽的 RCS“尖峰”，就足以使雷达形成发现或跟踪条件，构成拦截窗口。因此，RCS 指标的设计必须考虑这种起伏特性的影响。

RCS“尖峰”的持续宽度应能够保证雷达至少完成一次信号测量。考虑以下两种由 RCS“尖峰”引起的恶化情况：一是在某个角度上 RCS“尖峰”的持续宽度超过一定值，足以使导弹完成一次拦截过程；二是在某个角度范围内 RCS“尖峰”的个数足够密集，足以使雷达保持一定的跟踪数据率，从而构成拦截窗口。

RCS 在各个方向上的起伏与飞机的气动外形、挂载等因素有关。RCS“尖峰”是指 RCS 超过该方向的平均 RCS，接近不隐身的水平。

(4)极化特性

由于飞机外形的影响,飞机的 RCS 对照射雷达的不同极化方式呈现不同的反应特性。如采用水平极化扫描时,雷达对于一根竖立物体的发现概率较大,但信号强度低;若采用垂直极化方式扫描,则雷达虽然对这根竖立物体的发现概率较小,但一旦发现,则信号强度很高。对于一般目标,RCS 对不同极化方式的差异最大可达 10 dB 以上,即 10 倍以上。

根据已知资料,美军“爱国者”和“宙斯顿”系统跟踪/制导雷达采用垂直极化(线极化)方式,而俄军 C－300 系列则采用圆极化。垂直极化具有较好的低空性能,而圆极化具有相对稳定的 RCS。不同的极化方式下飞机的 RCS 差异最大可达 10～15 dB 水平(垂直和水平极化),在新一代防空雷达中已开始采用变极化和同时多极化技术,以获取极化增益。

因此,隐身飞机的 RCS 设计是考虑雷达极化方式的,最好适用于所有的可能极化方式,包括垂直极化和水平极化。由于机载雷达一般采用垂直极化,因此,从制空战斗机的任务特点角度出发,隐身飞机的重点应考虑垂直极化。

(5)动态特性

飞机飞行中还存在一些动态特性,如主弹舱和侧弹舱开启方式和时间、翼面偏转、机动飞行等动态状态对雷达隐身的影响等问题。其中有些是作战使用问题,对研制方案的影响较小(如机动飞行),而有些则对研制方案有较大影响(如侧弹舱打开方式)。

例如,F－22 在参加航展时,总是打开弹舱,或者不收起落架进行飞行,且在机腹下安装有专门的 RCS 增强装置(龙伯球)就是为了不让别人测得它的 RCS。

2.2 射频隐身特性

通过雷达和红外隐身,压缩了传感器对隐身飞机的探测距离,提高了隐身飞机的突防能力。然而,隐身飞机要完成作战任务,就必须辐射,要辐射信号,就有被发现的可能。因此,又引发了射频隐身问题。

射频隐身是目标与无源探测系统之间的对抗。无源探测系统可以根据武器平台上电子设备(系统)辐射的电磁波确定武器的位置(角度和距离)信息。射频隐身是指通过对电子装备射频有源信号进行特征控制,有效避免被敌方无源电子侦察装备截获、分选识别和定位。射频隐身技术是武器平台上的电子设备针对无源探测系统的隐身技术,属于武器平台有源或主动信号特征控制范畴。

对常规飞机,机载雷达对它的探测距离可达 200 km 左右,机载光电探测系统对它的前向探测距离可达 185 km 左右,无源探测系统对它的探测距离可达 460 km 左右。而对于雷达隐身飞机,由于其 RCS 已经降到 0.1 m^2 以下,比常规飞机降低了 20～30 dB,因此机载雷达对它的探测距离降低到了几十千米。作战飞机将首先被无源探测系统发现,其后将被光电探测系统发现,射频隐身已经成为飞机隐身平衡设计的短板。

飞机射频隐身发展可以分为以下三个阶段。

1)第一阶段:F-117A 时期。意识到射频隐身的重要性,但没有较好的技术解决方案,因此 F-117A 飞机上没有装备机载雷达。

2)第二阶段:B-2 时期。20 世纪 80 年代后期,美国在 B-2 隐身轰炸机上装备了具有低截获概率(Low Probability of Intercept,LPI)的 APQ-181 相控阵雷达,该雷达具有隐身波形和五级辐射功率控制。

3)第三阶段:F-22 和 F-35 时期。20 世纪 90 年代到 21 世纪初,美国为新一代战斗机 F-22 和 F-35 研制了射频隐身性能良好的机载雷达、通信导航识别(Communication Navigation Identification, CNI)等电子设备。

2.2.1 飞机射频隐身基本特点

飞机射频隐身具有以下五个基本特点。

(1)主动辐射特性

飞机要完成任务,就需要辐射,若飞机所有的射频设备都保持静默,则射频隐身就转变成一个雷达隐身问题。射频设备在非工作状态下的射频隐身问题,是一个 RCS 问题。因而,飞机射频辐射是一种有源目标特征,敌方可利用电子支援设备进行探测,射频隐身的实质是一个低截获概率问题。

飞机射频辐射所具有的主动辐射特性与红外辐射所具有的主动辐射特性不同。红外辐射的主动辐射特性只要飞机飞就会存在,人为可控的程度较小。而飞机射频辐射的主动辐射特性与飞机要完成的作战任务密切相关,可以人为控制,通过收益/风险评估,可以选择不同的辐射策略,从而控制射频隐身效果。射频隐身的目的就是要以最小的风险完成既定的作战任务。

(2)博弈特性

雷达隐身研究的基点是尽量压缩敌方的探测距离,而射频隐身则要复杂得多。飞机的射频设备不辐射则不存在射频隐身问题,而飞机的射频设备不辐射则无法完成作战任务,要辐射就必定存在被敌方截获的可能。因此,飞机在作战状态下的探测和敌方截获是一种博弈,不是一种越大越好或越小越好的单向性问题。要提升完成作战任务的能力,就要提高辐射的能力;要降低敌方截获的可能,就要降低辐射的能力:这两者之间是相互矛盾的。因此,射频隐身问题不是单纯以降低截获为基点的,而要以飞机完成预定作战任务为基点,使飞机以最低的风险完成预定的作战任务。

(3)影响因素众多

射频隐身所涉及的射频传感器指利用发射无线电信号来感知目标和环境的设备,有机载相控阵雷达、电子战系统、敌我识别器、数据链、导航设备、高度表等。射频隐身的基础是雷达隐身,射频辐射所涉及的设备首先要满足雷达隐身的需求。

射频辐射又涉及各射频设备的多种独立和组合辐射状态。有源于任务需求的主动辐射,如相控阵雷达的搜索、跟踪、制导、干扰,电子战系统的主动干扰,数据链的传输,敌我识别器的询问、应答等,还有源于外部威胁的被动辐射,如电子战系统被动干扰。

飞机的射频隐身性能是针对敌方被动传感器(截获接收机)而言的,

截获接收机对射频参数的处理主要包括截获、识别、分选、关联、跟踪等过程，这些过程相互串联，一个环节失效则全程失效。若对方只能截获信号，但无法完成对信号的识别和分选，则飞机仍是隐身的。截获接收机的截获只与辐射能量有关，而识别、分选、关联等则与频率、波形等辐射参数有关。

射频辐射涵盖空域、频域、时域和能量域四个维度，飞机的射频隐身是一个多设备、多状态、多维度的影响因素众多的综合性问题。

(4)描述参数难找

由于飞机的射频隐身性能所涉及的射频设备多样，影响参数众多，很难用一个独立的单一参数定量描述射频隐身的需求。

目前，对采用什么参数描述射频隐身的看法不统一，对不同的设备，甚至对不同的作战任务要求，可能需要用不同的参数来描述射频隐身性能。

飞机的射频隐身性能涉及射频设备的低截获概率问题，同时还涉及射频设备的作战使用问题，因此，飞机的射频隐身特性应分为低截获设计特性和使用设计特性两类。低截获设计特性是射频设备固有的低截获性能设计特性，可以用相关的低截获参数描述。使用设计特性是对射频设备的射频资源作战管理的设计特性，这一特性会随着飞机作战任务、作战过程、作战状态、作战对手和战场环境的不同而变化。

(5)取值方向多样

由于飞机射频设备与作战任务密切相关，所涉及射频设备众多，射频隐身不同于雷达隐身，不是一个越小越好或越大越好的单向问题，而是一个与作战任务密切相关的探测与反探测的博弈问题。雷达隐身要求尽可能地减小目标的雷达特征，即目标的 RCS 越低越好。但射频隐身则有很大的不同，射频隐身是减少机载传感器系统的射频信号特征，使敌方的无源探测传感器处于不断的信号处理和猜测中，从而不能及时发现和确定目标。然而，却不能无限制地减小飞机的射频特征，因为电子设备要依靠辐射的电磁波工作，电子设备辐射的电磁波能量小到一定值后，电子设备的功能和性能会下降或消失而失去作用。因而射频隐身的一大特点或限制条件是需要保持电子设备的功能及性能，满足使用需求。因此射频隐身是飞机以完成作战任务为基本目的，在需求与可能的基础上，风险与收益之间的权衡。

比如，截获接收机信号截获的过程只与信号的强度有关，则辐射信号的功率在满足作战任务需求的条件下，越小越好，空间特性越精确越好；而截获接收机识别分选信号的过程与信号的波形、时序、频率等参数有关，越多变、越随机越好。而这些参数之间本身又存在一定的矛盾，因此参数的取值方向并不是单一的，而是呈现多样化的局面。这种控制参数多样化、参数取值多样化的局面使得面向作战任务的射频管控十分重要。

2.2.2 飞机射频隐身传感器特性

飞机的射频隐身性能是针对敌方截获接收机的被动探测而言的，因此研究飞机射频隐身性能就必须从截获接收机的角度进行。针对截获接收机的技术特性和战术运用特点，飞机射频隐身传感器特性体现在以下三个方面。

(1)截获设备多样

在空间截获飞机射频信号的传感器设备多样，有可能是飞机上的电子支援设备，有可能是飞机上的有源相控阵雷达以被动方式截获，也有可能是地面被动雷达。不同传感器设备截获的信号可用性存在差异，有源相控阵雷达以被动方式截获信号的质量要高于电子支援设备截获。

(2)收益风险权衡

飞机在作战时，打开雷达探测目标，获得的收益是掌握了对方飞机的信息，所面临的风险则是有可能被对方截获己方的辐射信号。己方辐射所面临的风险有以下两种类型。

第一种情况，我机可通过辐射获得敌机信息，在此状态下，我机对所面临的风险可以预计，则该类风险为可预计风险，如图 2－1 所示。

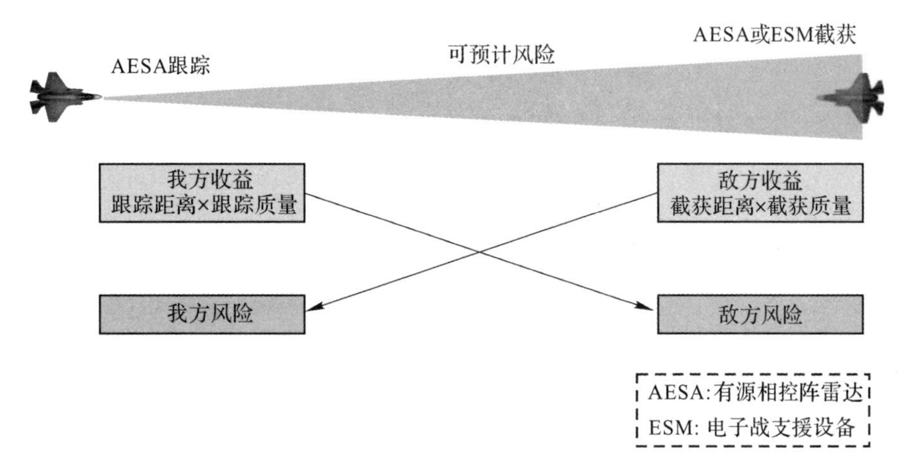

图 2－1　收益与可预计风险

如我机在雷达跟踪状态下，来自被跟踪目标的截获威胁所产生的风险就是一种可预计风险。在可预计风险状态下，我方的风险与敌方的收益相平衡。处理可预计风险的对策是一种典型的零和对策，一方的得利等于另一方的损失。

第二种情况，我机不能通过辐射获得敌机的信息，而敌机可截获我方的辐射并加以利用，则我方所面临的风险是不可预计风险，如图 2－2 所示。

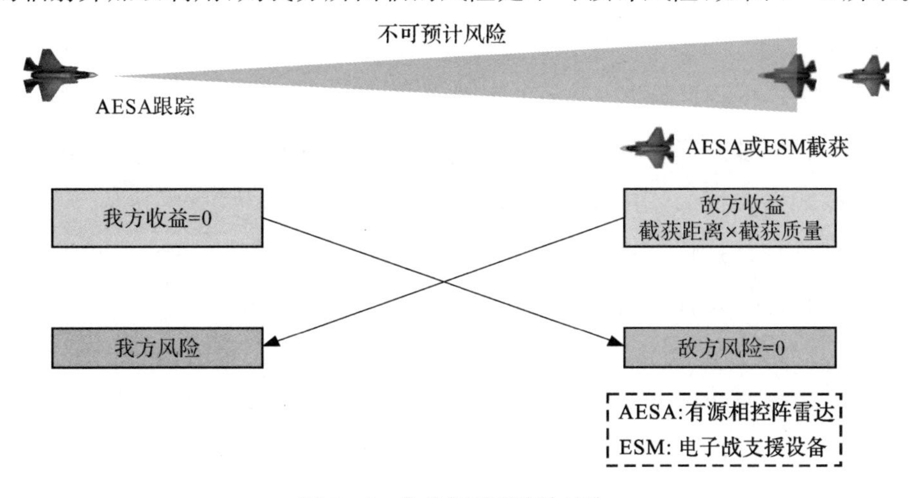

图 2－2　收益与不可预计风险

如我机在雷达跟踪状态下，来自被跟踪目标以外或主瓣作用距离以外的目标的截获威胁所产生的风险就是不可预计风险。在此状态下，我方的收益为零，单向承受着风险威胁。

除可预计风险和不可预计风险两种风险类型外，我机的射频辐射风险还可按敌方利用截获我机辐射信号可以实施的作战动作（也就是按敌方获得的收益的大小）划分为高（定位）、中（跟踪）、低（感知）三个级别。敌方的收益越大，我方的风险越高。

射频隐身的目的就是要以最小的风险完成既定的作战任务。因此，射频管控的实质是在收益与风险之间进行权衡，以最小的风险完成既定的作战任务。

从可预计风险和不可预计风险的属性可看出，风险的类型取决于对战场态势信息的掌握程度。风险是由不确定性导致的，如果全面掌握战场的态势信息，则不存在风险，只存在危险。对战场态势信息的掌握程度越高，风险越小，反之，风险越大。因此，可以通过编队或体系信息支援等方式，提高对战场态势信息的掌握程度，从而将不确定性的不可预计风险转化为确定性的可预计风险，降低风险程度。

因此，对于不同类型的风险，需要采取不同的措施来降低、规避和转化风险。将不可预计风险转化为可预计风险，将高级别风险转化为低级别风险。

对于不可预计风险，一是采用低截获设计措施降低风险，二是提高对战场态势信息的掌握程度转化风险，将威胁程度较高的不可预计风险转化为威胁程度较低的可预计风险。

对可预计风险，主要采用管控措施降低或规避风险，面对不同的对手，采用不同的辐射管控措施，以最大程度地降低作战风险。

（3）具有阶段特性

射频辐射的特点是在进行每一步行动决策时，都需要对敌我双方的风险、收益进行综合判断、预测和权衡。其包括以下过程：

第一步：基于我方的作战任务、作战目标、作战阶段，确定可选择的行动方案；

第二步：评估可选择的行动方案所带来的预期收益；

第三步：基于敌方的数量、位置、状态（能力）、意图等，评估可选择的行动方案可能带来的风险；

第四步：权衡收益与风险，按一定准则形成符合风险控制准则的行动决策。

在这四个步骤中，第一、二个步骤是基于自身的，是完全可控环节；第三个步骤与敌方信息有关，需要考虑信息的不确定性影响；第四个步骤的核心是射频隐身策略，射频隐身策略与作战的阶段密切相关。

针对不同作战阶段，有不同的射频隐身策略。射频设备的使用应与相应的作战阶段相匹配，不同的作战阶段应采用不同的射频隐身策略。

2.3 “制空式”隐身引发的作战变革

隐身技术是突破对方防空体系的“隐身盾”，但在科索沃战争中，一架F-117A在科索沃上空被击落，这个教训使美国人明白了，仅仅具备隐身性能，并不能将这个隐身杀手的性能发挥到极致，还必须打造进攻的“隐身矛”。随着隐身技术的逐步成熟，真正的隐身威胁开始显露，这种威胁是由“制空式”隐身战斗机F-22展现的。

在美军的空中打击作战中，F-117A和B-2隐身飞机只能承担对地突击作战任务，对空中作战样式的影响并不显著。因此，F-117A和B-2隐身飞机在美国空军的作战体系中难当主角。然而“制空式”隐身飞机F-22的出现，则从根本上改变了这种局面，F-22在具备超声速巡航、超机动能力和超级航电能力的基础上，将隐身能力带入了空战，从而给空中作战的理论、样式、对抗战术、装备性能带来了想象不到的冲击，引发了空中作战样式的深刻变革，并将彻底改变现代空战的性质。

在隐身要求与平台飞行性能相矛盾的条件下，以F-117A和B-2为代表的“偷袭式”隐身飞机以牺牲飞行性能为代价获得隐身性能，构建了突防的"隐身盾",使对手无法发现它。而以 F－22 为代表的"制空式"隐身飞机,则将隐身、飞行、航电与武器性能有效融合在一起,同时构建了突防的"隐身盾"和进攻的"隐身矛",不但使对手无法发现它,还要在对手毫不知情的情况下对对手实施单向透明的打击,使对手在遭受打击时,不知打击来自何方、起自何时。历史的战例分析表明,以偷袭形式攻击无准备的飞机并尽量避免近距机动作战条件下,击落的飞机数量最多。

F－22 将"矛"和"盾"有机结合在一起,使空中作战的样式发生了根本性的变革。"偷袭式"隐身飞机主要利用隐身性能躲避防空系统的拦截,对地面目标实施偷袭;"制空式"隐身飞机则利用隐身和飞行性能综合优势高效夺取制空权,将威胁从地面目标扩展到空中平台,乃至整个作战体系。2009 年 1 月,美国空军公布了 F－22 对苏－27 或米格－29 模拟空战结果(1∶30)。这从一个侧面提示出以非隐身飞机为基础的空中安全平衡将被打破,多年建设的防空体系将一朝失效,相应的战略制约将严重失衡。

F－22 的隐身不是单纯的防御性"躲藏",而是综合的进攻性"匿形"。"制空式"隐身引发的空中作战变革是颠覆性的,对攻防双方均会产生根本性的影响。"制空式"隐身引发的空中作战变革的深度和广度将远远超过当年雷达出现所引发的防空作战变革。

(1)"制空式"隐身引发的作战样式变革

在伊拉克战争以前的军事行动中,为了实施有效的空中打击,美国一般要在本土、航母和海外基地、战区周边盟国基地等进行三线部署,调集大量作战飞机,对敌方形成立体包围;然后进行大范围电子干扰和压制,并利用巡航导弹进行先期打击;最后攻击飞机在电子战飞机的掩护下,对目标实施突袭。

然而,以 F－22 为主发起的进攻将不再会像海湾战争、科索沃战争和伊拉克战争那样,以强烈的电子干扰和压制揭开战争序幕,而是在对手毫不知情的情况下,悄无声息地开始。

隐身飞机的使用(包括未来的隐身加油机),使美军可以从远离战场的本土或海外基地起飞，直接攻击敌方纵深的战略目标；二线或三线空军基地可以不用开辟，从而使敌国不会因为预先警觉而进行战争准备。

F－117A和B－2隐身飞机虽具有“偷袭”能力，但不具备威胁对手空中力量的能力，即不具备夺取制空权的能力。而F－22则可以凭借其优越的隐身、机动、航电和武器性能夺取制空权，对对手的空中力量构成致命威胁。F－22这种作战能力的提升使战争的突然性大幅增加，使进攻者在原有“偷偷翻墙入室”的基础上，具备了“踹门扫荡”、直指命门、快速达成战争目的的作战能力。这种作战样式在很大程度上颠覆了已成定势的现代信息化战争的固有样式。

(2)“制空式”隐身引发的作战体系变革

在美国空军传统的作战编成中，战斗机、轰炸机、预警机、远程支援电子干扰机、随队电子干扰机等诸多机种共同组成作战体系，各自担负相应的作战任务。而“制空式”隐身飞机F－22的使用，则使美国空军的作战体系更为灵活，面对不同的对手和作战任务，可以组成不同的模式体系。F－22与B－2隐身搭配，组成功能互补的绝佳战略搭档；F－22与F－35高低搭配，组成“踹门扫荡”的进攻搭档；F－22与F－15新老搭配，组成诱歼非隐身飞机的混合搭档。

美国空军以F－22为主体构成的空中隐身作战力量给对手的作战体系带来了严峻的挑战，使对手作战体系的杀伤链发生断裂，甚至可能导致现有的防空体系全面失效，丧失作战能力。

F－22带来的作战模式的变化就像匈奴骑兵对罗马步兵方阵，带来的作战体系的变革必将引发对手作战体系的变革，这种变革可能是十分深刻的。隐身是这次变革的源头，因此，具有隐身能力的隐身飞机将引导空军进行一次现代版赵武灵王的“胡服骑射”式的军事变革。

(3)“制空式”隐身引发的作战观念变革

作战观念的变革是最根本的变革。新型装备的发展为变革提供了条件，而这种条件真正体现出作用则需要观念上的变革。甲午海战就是典型的装备先进而作战观念落后导致失败的例证。

F-22的出现改变了过去先夺取制空权,而后实施大规模空中打击的作战观念,取而代之的是少而精地使用,选择性地打击,夺取制空权与空中打击同时进行,平时随机窜扰威胁和战时突然打击威胁同时存在。

"制空式"隐身飞机的出现使传统的制空权概念发生了微妙的变化。传统的制空权包含两层含义,一是限制敌方安全使用空域的能力,二是保障己方安全使用空域的能力。在传统的制空权概念下,这两个能力是一回事,是对等的,解决了这一个另一个必然就解决了。然而,隐身技术出现后这种情况发生了变化,这两个能力不再对等,限制敌方使用代价高,保障自己使用代价相对低。而且可能出现你能安全使用,我也能安全使用的制空权均衡状态。"制空式"隐身飞机使制空权概念发生的微妙变化促使空中作战的观念必须相应地变化。

面对"制空式"隐身所引发的空中作战变革需要有创新的思路,不能简单地应付,要主动地设计,要用自己的术语定义未来的空中战争,用自己的规则进行未来的空中作战。为有效抗衡"制空式"隐身所带来的威胁,掌握未来空中作战的主动权,必须用全新的思维主动设计隐身飞机的隐身作战样式,绝不能陷入用机械化思维使用信息化装备、用信息化装备打机械化战争的思维定势,重蹈甲午海战的覆辙。

2.4 隐身作战对电子战的影响

隐身飞机的出现极大改变了传统的空中作战和空地打击样式,隐身能力和电子战能力成为支撑未来空战的两大支柱,也将对装备的发展和作战使用提出全新的要求。实质上,隐身可以视为另一种形式的电子战,是电子战发展历程中的一个重要阶段。电子战的主要目的之一是阻断敌方的信息链路,一般的电子战以淹没的方式阻断信息链路,而隐身飞机则以屏蔽的方式阻断信息链路。若用信噪比描述,则一个是增大分母,一个则是减小分子,目的都是降低信号到达传感器的信噪比。

隐身飞机实施隐身空袭的实质是一种利用隐身技术阻断信息链路的

高端信息作战方式，是复杂电磁环境的极致。隐身是针对传感器的，因此隐身的影响主要体现在传感器的信息获取环节上。与对抗非隐身飞机的空中作战相比，对抗隐身飞机空中作战的特点主要体现在以下三个方面：一是传感器性能大幅下降，二是隐身与非隐身对杀伤链环节的影响不同，三是隐身与非隐身对作战过程的影响不同。第一个特点是对传感器的影响，后两个特点则是对作战过程的影响；第一个特点是因，后两个特点是果。第一个特点的影响结果使己方对战场态势的掌控呈现不明确性，后两个特点的影响后果则是使空中隐身作战的样式与空中非隐身作战的样式产生明显的差异。

2.4.1　对传感器性能的影响

依据雷达方程，雷达发现目标的距离与该目标的 RCS 的四次方根成正比。若飞机的 RCS 减小一个数量级(1/10)，则雷达探测距离相应降低为原来的 56%，即减少了 44%。即飞机 RCS 每下降一个数量级(减小为原来的 1/10)，雷达对它的探测距离便缩短 44%左右。

隐身飞机的隐身性能使传感器的作用距离被大幅压缩。作为空中作战中枢的预警机，在发现隐身飞机前已处于其有效射程之内，本身的生存难以保证。

地面和机载雷达的探测能力决定了作战方获取和利用信息的能力，而隐身飞机的隐身性能使得现有的地面和机载雷达性能大幅下降。对于隐身目标，传感器不是完全看不见目标，而是所得信息十分贫乏，模模糊糊，时有时无，无法满足武器系统发现、跟踪和制导对信息的要求。面对隐身飞机，地面和机载雷达成为“近视眼”和“老花眼”。

虽然高机动隐身飞机不同方向的隐身性能有差异，但在其感知到雷达照射时，会通过机动方式将隐身性能最好的方向对向雷达，使得雷达获得的信息发生大幅的变化，形成不连续的信息点，加之隐身飞机各方向上 RCS 的起伏，使得雷达难以形成稳定的探测、跟踪条件，无法实施射击。

同时，隐身飞机优越的综合电子战能力亦可大幅降低对手连续获取信息的能力，打开雷达要么发现不了目标，要么无法形成连续跟踪，并可能遭到无法预料的攻击。

由于信息获取环节呈现的贫乏、模糊和不连续的特性，我方对战场态势的掌控呈现不明确性，对敌方的位置、属性和企图的掌控和估计呈现很大程度的不确定性，严重影响作战决策的有效性。

提升单项传感器的能力，发挥电子战系统的潜力，实现雷达、电子战、光电等感知系统的一体化，提升编队和体系的信息协同是解决这一问题的着力点。

2.4.2 对杀伤链环节的影响

一般而言，在信息化作战条件下，构成杀伤链的有发现、识别、跟踪、打击、评估等五个环节，其中任意一个环节效能降低或失效，将导致整个杀伤链的效能降低或失效。

(1)对发现环节的影响

与常规飞机相比，隐身飞机对杀伤链最首要的影响体现在“发现”环节上。隐身飞机的超小 RCS 使预警探测系统看不见，即使看见了也看不清楚、跟不上。面对隐身目标，预警探测系统成为“近视眼”“老花眼”。由于预警探测系统对隐身目标的发现距离大幅下降，不足以为防空体系提供足够的反应时间，无法对作战飞机提供有效的引导，防空体系难以对隐身飞机的来袭做出有效反应，无法实施有效拦截，从而使隐身飞机可以采用“打了就跑”的“快进快出”战术。

非隐身飞机采用电子干扰措施，以淹没的方式阻断信息链路，通过干扰将正常信息淹没在杂乱或欺骗信息中，即通过加大传感器信噪比中的分母——噪声的幅度达到降低信噪比的目的。而隐身飞机则以屏蔽的方式阻断信息链路，大幅缩减传感器可能获得的正常信息，即通过减小传感器信噪比中的分子——信号的幅度达到降低信噪比的目的。非隐身飞机和隐身飞机阻断杀伤链路的目的一致，均是降低信号到达传感器的信噪比，但阻断的方法不一样，一个是影响分母，一个是影响分子。

(2)对跟踪环节的影响

在非隐身飞机的空中作战中,对五个作战环节的影响主要体现在“跟踪”和“打击”两个环节,非隐身飞机采用干扰方式破坏对方获取信息的准确性,重点破坏对飞机生存性威胁最为严重的环节——“跟踪”环节的信息获取。而在空中隐身作战中,隐身飞机的隐身性能使对手的各种传感器无法获得足够的信息,从而使杀伤链五个环节的效能均大幅下降,甚至完全失效。传感器对隐身目标的发现、跟踪距离大幅减小,导引头截获距离严重缩减,引信难以有效启动,从而导致原本环环相扣、衔接无误的闭环杀伤链断裂。对杀伤链效能的简易计算表明,隐身飞机的隐身性能使预警体系发现效能和跟踪效能均下降为原有的30%(发现和跟踪距离下降为原有的30%),打击效能下降为原有的20%(导引头截获距离由20 km下降至4 km,为原有的20%),若不计其他环节的效能下降、引信对隐身目标的失效以及F-22的超声速巡航、综合打击能力等因素,杀伤链的总体效能最高也只能达到原来的2%,甚至更低。

(3)对整个杀伤链的影响

隐身飞机与非隐身飞机相比,对杀伤链环节影响不同的根源是阻断信息链路的方式不同。

采用干扰方式破坏杀伤链路对“跟踪”环节最为有效,而采用隐身方式破坏杀伤链路则对“发现”环节最为有效。隐身飞机对杀伤链环节的影响前移,并贯穿全过程。由于隐身技术的特点,对“发现”环节的影响成为首要的制约因素。而非隐身飞机则重点关注对生存性影响最为严重的“跟踪”环节。

隐身对杀伤链的影响前移至发现环节,并贯穿杀伤链全过程,尤其是几乎将对手杀伤链的发现、识别、跟踪三个环节紧密地压缩到了一起,破坏了杀伤链各环节的传递关系。隐身对杀伤链影响的特点对电子战能力提出了新的要求,即电子战的能力也要前移和压缩,要打破惯有的杀伤链传递关系,将发现、识别、跟踪三个环节集成到一起,集成为一个环节,以应对隐身作战对杀伤链的压缩。

2.4.3 对作战过程的影响

假设在双机对抗条件下，双机的隐身能力、机载雷达的探测能力与导弹的攻击能力相当。由于隐身特性的影响，在空中隐身作战条件下，双机机载雷达的发现距离小于导弹的有效攻击距离。依据双机之间的相对距离、机载雷达的探测距离以及导弹的有效攻击距离，可将空中隐身作战划分为三个阶段，远距、中距和近距。中远距空战是空中隐身作战的主要模式，如图 2-3 所示。

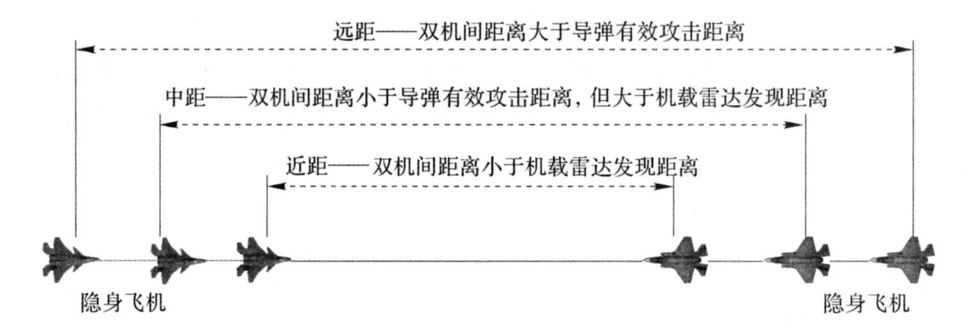

图 2-3 隐身飞机对抗主要模式

通过仿真分析可知，在隐身飞机对抗隐身飞机的空中作战过程中，当双方隐身和探测能力基本平衡时，在中远距情况下，谁先开雷达谁就明显处于劣势，而这种情况在非隐身飞机对抗非隐身飞机的空中作战过程中体现得并不十分显著。

在非隐身飞机对抗非隐身飞机或隐身飞机对抗非隐身飞机的空中作战中，机载雷达的探测距离一般大于导弹的攻击距离。因此，在远距情况下先打开雷达，虽然有可能被对手以被动方式截获，但仍处于对手的导弹攻击区之外，对手无法形成攻击态势，虽有风险但不致命；在中距情况下先打开雷达，可实现“先敌发现、先敌攻击”。而在隐身飞机对抗隐身飞机的空中作战中，由于雷达的探测距离被严重压缩，在多数情况下，雷达的探测距离小于导弹的攻击距离。因此，中远距打开雷达可能出现的状况是，打开雷达没看到目标，无法形成攻击态势，反而会由于破坏了隐身条件，被对手在其导弹攻击区内以被动方式“先敌发现”，并可能遭受无法预料的攻击，存在致命风险。

由此可见，在隐身飞机对抗隐身飞机的空中作战过程，中远距空战的样式与非隐身飞机相比存在本质差异。仿真结果表明，中远距情况下隐身能力的重要度最高，也充分说明了这一点。在近距情况下，隐身能力的重要度排序后移，在此情况下，隐身飞机对抗隐身飞机空中作战的样式与非隐身飞机之间的对抗没有本质的差异，只是程度上不同。

对作战过程影响不同的根源是，对抗隐身飞机与对抗非隐身飞机相比，机载雷达的探测能力与导弹的攻击能力无法达到最佳匹配。

一般要求雷达的最大探测距离为导弹最大有效攻击距离的 1.5～2 倍。对于对抗隐身目标，机载雷达的探测距离只有导弹的攻击距离的一半左右，因此，本机若在自己的雷达探测有效距离以外，但在对方导弹有效攻击距离以内打开雷达，则看不见对手，但有可能被对手以被动方式截获信号，招致无法预料的致命攻击。

以上特点的影响，使得空中隐身作战的样式与空中非隐身作战的样式产生了明显的差异。

假设敌我双方作战飞机的隐身和雷达探测能力相当，机载雷达对相互的探测距离为 60 km，导弹的有效攻击距离为 80 km，则两机相距 60～80 km 时为中距区。若两机均以 1.5*Ma* 超声速巡航，相向飞行，则通过这一区域的时间约为 20 s，如图 2-4 所示。

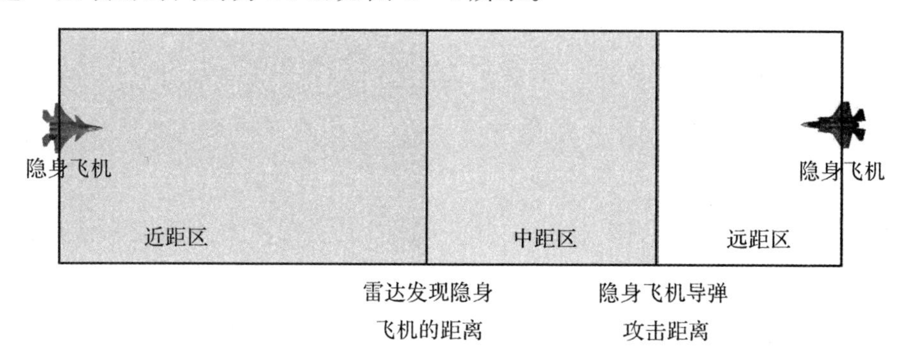

图 2-4 隐身飞机对抗关键 20 s

在这 20 s 内，任何一方打开雷达都看不见对方，但其雷达信号却能够被对方电子战系统跟踪锁定，从而招致无法预料的致命攻击。通过这一区域后，先开雷达的一方则会抢占先机，可实现先敌开火。因此，中距区是空中隐身作战与空中非隐身作战差异最明显的区域，也是空中隐身作战态势变化最剧烈的区域，危险程度最高。在作战使用中，要通过技术和战术手段突破这关键的 20 s，在中远距区诱使敌方“先动”，在近距区择机“先动”。

通过对隐身作战特性的研究，隐身空战必须牢牢把握这关键的 20 s，这关键的 20 s 也是雷达与电子战协同工作的关键 20 s，是主被动传感器快速切换的 20 s。在远距区以被动传感器为主，在近距区以主动传感器为主，在中距区则要依据对态势的判断或体系的信息支援，在主被动传感器之间、感知系统与火控系统之间、射频设备与导弹武器之间进行快速切换，这种能力的需求只有在任务系统一体化的条件下才可能实现。

采用电子战突破这关键 20 s 的制约是技术和作战使用上的必然选择。一体化的任务系统将有助于提升未来新一代战斗机突破中距的能力。

2.4.4 隐身作战对电子战的新要求

隐身是新一代战机必须具备的基本性能，在隐身与非隐身飞机之间的对抗中，隐身飞机占有绝对优势，而未来新一代战斗机与隐身飞机之间的对抗则是全面的隐身空战时代。

隐身条件下的作战将是未来新一代战斗机的主要作战样式。辨识全面隐身作战条件下，对电子战出现的新需求，是发展未来新一代战斗机电子战能力的前提。

通过以上分析，对隐身作战对电子战带来的新要求获得以下认识。

(1)提升感知能力

发现才能作战，这是作战的基本原则。在信息化战争条件下，可以认为战争的形式表现为信息＋火力。信息化战争的关键特点在于信息对火力的重要性超过以往任何时期，信息能够更为精确、更远距离、更为快速地控制火力，大幅提高火力的效率。作为一型作战平台，信息来自于本机的感知、编队的协同和体系的支援。

本机感知系统包括雷达、电子战系统、光电传感器、数据链、敌我识别器等，通过对隐身作战的分析可知，无源感知系统的重要性越来越显著，已成为首先、全程、全时使用的第一位传感器。因此，在任务系统一体化的框架下，由电子战牵头进行感知系统的综合是大势所趋。依托技术进步和集成提效两条途径，提升单项传感器的性能，综合使用无源、有源、光电等各类感知设备，提升本机感知系统对战场的感知能力。平台强则节点强，节点强则网络强，网络强则体系强。

编队感知系统在本机感知系统能力提升的基础上，利用隐身数据链或机间链实现信息/信号共享，形成协同作战体系优势，这也是电子战系统发展的重要内容。

体系感知系统能力的提升则依托于预警机和地面雷达的技术和网络化的进步。

(2)增强隐身能力

面对目前日益强大的防空体系，隐身是新一代作战飞机必须具有的基本性能。在未来的战场环境下，不具备隐身能力等于自杀。

从前面的分析得知，在飞机雷达、红外、射频三项隐身性能中，雷达隐身和射频隐身与电子战密切相关。在飞机隐身的三项主要技术措施中，基于气动外形的结构隐身和基于吸能涂层的材料隐身已接近物理极限，尤其是面对低频段的探测系统。因此，基于信息对抗的电子隐身，即利用电子战手段实现或增强隐身性能是隐身飞机提升隐身性能应重点关注的方向，且有很大的上升空间。

依据对隐身飞机隐身作战使用研究的认识，在全面隐身作战条件下，隐身问题已不单纯是飞机隐身性能的问题，而要将飞机的隐身性能与飞机的综合探测能力、电子战能力、火力攻击能力等诸要素综合起来，统筹考虑。

(3)更新干扰能力

从 EA－18G 战胜 F－22 案例和苏－35 抗衡 F－22 的设想可看出，对隐身飞机实施有效的干扰对于抗击隐身飞机是可行的、有效的。但 EA－18G 和苏－35 均是非隐身飞机，由于非隐身作战与隐身作战、单方面的隐身作战与全面的隐身作战存在较大差异，相关启示可借鉴但不能照搬。

隐身飞机的优势是隐身，若隐身飞机仍采用以非隐身飞机为平台发展的电子战手段，则是否意味着主动放弃了隐身优势？

因此，需要在目前基于非隐身作战发展的既有电子战手段的基础上，对电子战手段进行更新，并创新发展新的手段，以适应全面隐身作战的要求。

研究认为，适应于隐身作战的电子战手段是向下兼容的，也可用于非隐身平台，用于非隐身和单方面隐身作战。

(4)升级协同能力

美国新一代战机 F－22 和 F－35 的功能已不仅限于“战斗”，其既是武器平台又是传感器节点，兼备空中格斗、对地攻击、电子战、侦察预警、指挥控制等多种能力，并且可以依托其高隐身性能，渗透至敌后纵深，在高威胁、强对抗环境下实施多种作战行动。

F－22 实现了编队内的信息和火力协同，F－22 也可作为体系的关键节点，为作战体系中的其他作战平台提供信息支援。在美军最新版的联合机载电子攻击系统的作战视图中就有相应的描述。在联合机载电子攻击作战概念中，F－22 即作为一个渗入高威胁区的前置传感器使用。

在美国未来新一代战斗机设想中，为满足“全域”和“全球”能力需要，美国空军下一代战斗机总体设计要充分考虑信息能力、在各种作战网络中的定位及与其他装备之间的网络协同作战能力。日本提出的未来新一代战斗机应具备的七项关键技术特征的前两项是，采用集群控制技术和采用综合武器控制和先进座舱技术，使隐身飞机具有“云”(网络集群)协同能力。

因此，在隐身飞机平台的基础上，全面升级协同能力，提高体系作战能力，尤其是全面隐身条件下的“云协同”体系作战能力是电子战能力发展的重要目标。

(5)压缩处理环节

从隐身对杀伤链的影响分析认识到，隐身作战是利用隐身优势压缩对手的杀伤环节，达到压缩对手的反应时间，扩展自身生存空间的目的，用压缩对手反应时间换取自身的生存空间。

因此，针对隐身作战特点，电子战的处理环节必须前移，用压缩和集成处理环节将被压缩的时间以另一种形式恢复，满足作战对反应时间的要求。这是隐身作战规律的需求，势在必行。电子战系统的处理环节前移，理想目标是前移至发现环节，并要将发现、识别、跟踪三个环节综合集成到一起，理想目标是集成为一个环节，以新型的集成环节应对隐身作战对杀伤链的压缩。这种集成在设备上要求将各种传感器和处理设备综合集成在一起，形成一体化的电子战系统，对应于处理环节前移压缩的需求，电子战设备的综合集成要前移至孔径。一体化电子战系统的初始发展目标是综合射频系统，进一步的发展目标则是一体化任务系统。

2.5　隐身和电子战结合——“低-零功率”

随着中俄反隐身技术和装备的发展，美军在开展隐身与电子战结合的相关研究中，提出了“低-零功率”电磁频谱战概念。

就像智能手机和互联网重新定义了信息共享、学习、工作、购物以及生活方式一样，传感器和网络技术在过去二三十年里的进步已经从根本上改变了美军的作战方式。20年前，美国的飞机和其他主要武器系统之间通过语音通信或通过低带宽数据链发送联络报告。如今，美军各个军用平台可以在更广泛的电磁频谱范围内跟踪多个目标，同时通过宽带卫星通信和基于互联网协议的无线电网络与远处的平台和指挥中心不间断地分享数据。

美军部署了世界上最广泛而有效的网络使能的感知和通信能力，但其网络面对敌方攻击也越来越脆弱和易损。过去二三十年中，由于没有对手能够挑战美军的电磁频谱优势，美国国防部忽略了对能保持其在未来电磁频谱域中作战效能所必须的能力进行投资，导致美军曾经在电磁频谱中取得的巨大优势日渐消失，目前在许多方面已无优势可言。

美国国防部可以通过采用多种措施，如使用新型有源传感器、避开敌方干扰机工作的电磁频谱范围、针对新出现的威胁改进己方的电子攻击系统等，重新领先于对手，但靠这种增量式、短期的做法只能获得暂时性的优势，其优势只会存在于敌方采取相应的对抗措施之前。

更好的应对之道是将电磁频谱战视为由一系列阶段构成的长期竞争，各个阶段用部队实施感知、通信和电磁频谱对抗行动的主要措施来表征。从这个视角出发，可以通过发展新的作战概念和能力，先于对手进入电磁频谱战的下一阶段，建立更持久的优势。

美国战略与预算评估中心（The Center for Strategic and Budgetary Assessments，CSBA）在2015年12月发布的题为《决胜电磁波——重塑美国在电磁频谱领域的优势地位》的研究报告中，探讨了对“低-零功率”电磁频谱战作战概念的基本设想，提出了以下作战概念。

（1）利用无源或多基地探测敌方部队

该作战概念包含三种方式：一是利用无源传感器来探测敌方的射频和红外辐射；二是利用多基地技术定位敌方平台和系统；三是采用低截获概率/低探测概率激光装置进行多基地或单平台探测。以上三种方式可以结合使用。

（2）利用反射能定位敌方部队

无源雷达要求系统掌握周围射频环境以及其中明显的电磁辐射源特征。该作战概念利用来自敌方通信系统、电视和无线电广播等机会辐射源，甚至太阳的辐射，利用多部联网的接收机评估潜在目标的所有回波。

（3）在敌反介入/区域拒止包络中作战

反介入/区域拒止迫使兵力投送力量远离敌方作战，要求使用作用距离更远、功率更高的有源传感器和对抗措施，随着反介入/区域拒止范围不断扩大以及受部队规模和兵力限制，该方式难以持续。为降低敌无源传感器的灵敏度，可使用在射频频谱内发射低功率干扰噪声的无人装置或投掷式载荷，以及低功率激光装置迷惑敌方光电/红外传感器，给敌方创建虚假战场态势图，将敌方传感器引偏己方部队区域。

(4)保护突防部队不被探测和攻击

即使上述作战概念能有效对抗敌方的传感器，敌方也可能部署装有近程无源电子战支援设备、雷达或红外传感器的舰船和飞机，或向每个潜在目标发射制导武器，从而通过武器遥测设备获取信息。为对抗敌方远程无源传感器和近程有源传感器，自卫系统必须能在宽频带上探测威胁并产生效果，并能对付射频天线、红外焦平面阵和激光导引头；必须具备低截获概率/低探测概率特征；突防部队必须加大可与其他电磁频谱战能力协同的可部署诱饵的使用量。

通过分析“低-零功率”电磁频谱战概念，电子战与赛博战的融合是大势所趋，通过射频信道实施的赛博空间战可以视为一种网络化的电子战，并且是采用“低-零功率”方式实施的电子战。这种作战概念实现的难度很高，但若实现则效果很好。

因此，要将隐身电子战的概念向赛博战领域拓展。初始阶段对隐身电子战的研究聚焦于隐身飞机使用的电子战，实现“无察觉干扰”；而拓展阶段对隐身电子战的研究则要深入到赛博战领域，实现“牵着敌人走”。

结合美军“分布式作战”“多域战”“马赛克战”等作战概念，电子战、赛博战需要与其他作战域的作战力量有效协同，才能最有效地呈现期望的作战效果。

3 隐身电子战的概念解析——内涵特征

隐身飞机的优势是隐身,隐身作战的制胜机理是隐身,若隐身飞机仍采用以非隐身飞机为平台发展的电子战手段,则就意味着主动放弃了隐身优势。因此,以非隐身飞机为平台发展的电子战技术和装备在隐身飞机上是否仍然适用问题的认识存在疑义。在对电子战发展历程和隐身特性深入研究的基础上,笔者在隐身飞机作战使用研究中,通过对隐身飞机电子战装备发展和电子战装备作战使用问题的深化研究,提出了隐身电子战的概念。

3.1 隐身与电子战的关系

3.1.1 隐身与电子战的矛盾与结合

在隐身飞机的发展过程中,对隐身与电子战结合的认识有一个渐进过程。在隐身飞机发展初期,认为隐身与电子战是相互矛盾的,不应结合。隐身突防期望的效果是使敌方“看不见”,“悄悄地”突防;而电子战突防则是增加噪声,相当于在战场上“敲锣打鼓”,用噪声淹没目标信号,使敌方“看不清”“看不准”“打不着”。电子战这种“敲锣打鼓”般的突防手段与隐身想获得的“静悄悄”的突防效果背道而驰。因此专家们认为,隐身与电子战是相互矛盾的,不应结合发展。

对隐身与电子战结合,美国空军和海军在认识上存在很大差异。美国空军认为单纯依赖隐身即可实现突防,在这一理念的指导下,美国空军退役了 EF－111 电子战飞机,终止了 B－52H 大型防区外电子战飞机发展项目。

而美国海军则认为，面对越来越强大的综合防空体系，单纯依赖隐身实现突防的风险很高，因此美国海军在发展 F－35C 的同时，积极发展新型的 EA－18G 电子战飞机，用于替代老旧的 EA－6B 电子战飞机。

随着中俄反隐身技术和装备的发展，美国空军感到了单纯依赖隐身突防的风险，但面临无专用电子战飞机可用的窘境，在作战时只能借海军的 EA－18G 电子战飞机使用。由于军兵种的隔阂和利益的冲突，美国空军并不想采购海军的 EA－18G，而是计划独立发展一型专用电子战飞机。

从目前的状况看，对于隐身飞机仍应具备电子战能力已基本取得共识，苏－57 装备有专门的电子战设备，美军在 F－22 和 F－35 的升级计划中也已考虑了电子对抗设备的升级。

3.1.2 隐身与电子战结合的要点

目前使用的空空、空地电子战手段是以非隐身飞机为平台发展的，而隐身飞机的优势是隐身，若隐身飞机仍采用以非隐身飞机为平台发展的电子战手段，则就意味着主动放弃了隐身优势。因此，以非隐身飞机为平台发展的电子战技术和装备在隐身飞机隐身作战状态下是否仍然适用？存不存在差异？差异体现在哪些方面？差异有多大？怎么改进？这些问题均需要深入研究。

从对隐身和电子战结合的认识过程可以看出，隐身飞机在雷达隐身和红外隐身状态既定的条件下，在作战行动要保持隐身状态，就需要保持射频隐身，而要保持射频隐身，则不能主动对外辐射电磁波。隐身战机在实施作战行动时，主动对外辐射电磁波的行为有两个，一是打开雷达进行探测，二是开启电子战系统实施干扰。在能获得体系有效信息支援的条件下，或者在对已知目标实施打击的情况下，隐身战机保持电磁静默是可以执行作战任务的。但在复杂多变的对抗战场环境中，隐身飞机要一直保持电磁静默是无法完成作战任务的，不完成作战任务的隐身状态保持是没有意义的。

对于隐身飞机而言，隐身性能和传感器性能是可以相互权衡的，传感器性能高则可以适当降低对平台隐身性能的要求，其平衡点是己方被敌机发现的距离与己方发现敌机的距离相同，即平衡点是敌我双方同时发现。

而电子战与隐身在有些状况下是矛盾的、对立的，如在射频隐身状态下，实施电子战则意味着自动放弃了射频隐身状态；而在有些情况下则是互补的，是对平台隐身性能不足的补充，由于隐身飞机很难做到全拼、全维和全状态隐身，则在侧向或尾向被发现，或在弹舱代开时被发现，可以采用电子战措施对当时场景下平台隐身性能的不足进行必要的补充。此时采用电子战措施的平衡点为，飞机平台的全频、全维和全状态的风险值均衡。

由此可知，隐身与电子战结合的要点是，要综合考虑隐身飞机的隐身性能、传感器性能、电子战性能，依托风险-收益分析，确定电子战使用的场景和程度。

3.2 非隐身电子战

在非隐身条件下，电子战的主要任务是应对威胁，以防御为主要目的，干扰是主要的电子战手段。在实施空中作战过程中，为躲避对方防空火力的攻击，有效完成空中作战任务，空中平台往往采取多种措施对空地(海)防空武器系统实施电子干扰。

3.2.1 电子干扰特征

防空系统的雷达是敌方电子干扰的主要对象，对雷达实施电子干扰的目的是阻止雷达正常工作，或降低雷达的性能。

敌方对防空系统实施电子干扰的目的可以归结为三点。一是干扰搜索雷达，破坏雷达对目标的探测，从而使雷达不能得到正确的目标信息。二是干扰制导回路，破坏导弹的制导条件，使导弹无法准确攻击目标，严重时甚至无法稳定跟踪，无法形成导弹发射条件。对制导回路的干扰主要体现在对跟踪制导雷达或导引头的干扰上。三是干扰导弹上的电子设备,使导弹失控或失效,降低导弹的命中概率。对导弹上的电子设备的干扰主要体现在对导弹引信的干扰上,使引信提前或滞后启动,破坏引战配合,降低导弹的毁伤效果。

要对防空雷达实施有效干扰,在战术和技术上必须满足以下四个条件:

1)干扰机发射的干扰信号频率与雷达的工作频率相匹配,使干扰功率能进入雷达接收机。

2)干扰天线主波束对准雷达且干扰信号功率足够大,使得经过雷达处理后的干扰信号强度大于或等于雷达目标回波信号的强度。

3)干扰信号发射的时间合适并且足够长。

4)干扰信号具有合适的干扰样式。

3.2.2 非隐身电子战特征

非隐身电子战包括压制、欺骗和无源干扰三种典型形式,战术运用包括远距离支援干扰、随队干扰和自卫干扰三种典型样式。

压制干扰以噪声方式淹没目标信号,欺骗干扰以转发方式变换目标信号,无源干扰则以多源方式增加目标信号。

因此,非隐身条件下的电子干扰具有以下特征。

1)存在明确的目标信号。非隐身电子战的必要条件是,要有明确的目标信号。实施电子战的目的是利用压制或欺骗干扰改变这个明确目标信号的原始状态。在隐身状态下,明确的目标信号不存在或很小,若再采用非隐身的电子战措施,则是“此地无银三百两”。这应该是非隐身电子战与隐身电子战存在很大差异的根本原因。

2)干扰信号与目标信号并列,且干扰信号能量大于目标信号能量。从非隐身电子战的技术和战术特征可看出,其核心是阻断或扰乱信息链路,产生与目标信号并列的干扰信号,而不是融入目标信号的控制信号,其特征均为干扰信号能量大于目标信号。

3)电子战攻击的节点在前端。传统电子战的攻击节点在前端。电子干扰主要体现在雷达的前端，即对接收部分的信号处理实施干扰，压制干扰使信号处理无法分辨，欺骗干扰使信号处理错误分辨。

3.3 隐身电子战概念的核心

隐身电子战概念有两层含义。一是与隐身飞机平台隐身性能相匹配的电子防御。在隐身条件下，电子战的使用要与平台自身的隐身性能相匹配，不因使用电子战措施而全面放弃隐身状态，不给处于电子战对抗范围之外的敌手的无源探测系统截获电子战信号的机会，避免“为了对抗一只狼而引来一群狼”的情况发生。在隐身条件下，若主动使用传感器，则属于射频隐身范畴，因此隐身电子战的这一层含义与射频隐身交织在一起。二是进行隐身的电子进攻，即采用的电子战手段是敌手觉察不到的，这种隐身电子进攻手段既可以在隐身平台使用，也可以在非隐身平台使用，只不过隐身平台利用其隐身性能实施隐身电子战的效能更佳。隐身飞机可充分利用隐身优势，在对敌方探测信号辨识和分析的基础上，主动控制处理探测回波信号，将恶意信号插入回波信号，达到利用射频信息链路注入控制数据的目的。只有在敌方不知情的条件下，注入控制信息才会有效，而隐身平台则具有担负这种任务的先天优势。

隐身电子战概念研究的目的是使隐身飞机的电子战装备发展和作战使用更符合隐身飞机的特性。综合以上分析和对隐身电子战概念的预判，其应包含有四方面的含义，即“无忧辐射”、“无察觉干扰”、控制电子战和电子隐身。

(1)无忧辐射

“无忧辐射”指电子战能力要与平台的隐身性能相匹配，可实施精确控制，以降低敌手无源探测系统的能力。“无忧辐射”与射频隐身的内容相互交织。

(2)无察觉干扰

“无察觉干扰”指发展使敌手觉察不到的电子战手段，如将电子战的能量降低到与背景相匹配的级别，对敌手实施精确灵巧电子战，对敌手实施“无察觉干扰”。

(3)控制电子战

舒特系统的启示是,电子战有从注入破坏信号向注入控制信号发展的可能性。电子战的能力要向控制电子战方向拓展,发展深层攻击和网络攻击技术,在对探测信号辨识和分析的基础上,主动控制探测回波信号,达到利用信息链路注入控制数据的目的。在敌方不知情的情况下,注入控制信息才会最有效,而隐身平台则具有担负这种任务的先天优势。若隐身电子战发展到控制电子战的境界,则隐身飞机就可将“踹门”的作战方式升级为“无察觉溜进去开门”。

(4)电子隐身

EA-18G 战胜 F-22 的案例表明,电子战感知、电子对抗对破坏隐身战斗机的杀伤链是有效的,利用电子手段是可以解决隐身问题的。

结论是明确的,技术途径有多种选择。利用电子战手段实现电子隐身,包含有源对消(淹没电磁波)、模拟背景噪声干扰等多种技术和方法。此外,还有等离子体隐身、电磁波转向(如全镜面反射、绕射等)、电磁波穿透(超材料)等新兴技术。从目前的发展看,以上技术还都不成熟,但却是一个有希望的发展方向。

3.4 隐身电子战特征

隐身飞机是未来空中战场中实施作战行动的主力。隐身作战平台发挥其作战优势,一是要充分利用隐身的优势,二是要尽量少破坏当前的隐身状态。因此,在隐身条件下再使用压制和欺骗干扰,则未发挥隐身平台的优势,反而是“此地无银三百两”,将隐身作战平台当作非隐身作战平台使用。

将平台的隐身与电子战的隐身结合起来,不但平台隐身使对手看不到我,还要实现我看或攻击对手时,对手感觉不到,实现“无忧辐射”和“无察觉干扰”。

3.4.1 隐身电子战基本特征

(1)对电子战射频信号进行精确控制

为实现与隐身飞机平台隐身性能相匹配的电子战,需要对电子战射频信号进行精确控制,主要包括方向、强度和时间等三项内容。在隐身状态下使用电子战措施,实际上是自主有选择地在一定可控范围内放弃隐身状态,应是在风险/收益评估的基础上实施。

隐身条件下的电子战要发挥隐身平台的优势,以微弱能量达成电子战的效果,电子战形式要从大功率干扰转向微功率精确控制干扰转变,以灵巧精确干扰、协同综合干扰为主要作战使用样式,形成精确灵巧电子战样式。

灵巧干扰技术需要通过对威胁信号的频率、信号波形、强度和空间位置等参量的综合分析,进行相对威胁度的定量评估。在威胁评估的基础上,结合作战任务,确定干扰压制的角度、频率、时间、调制模式和辐射能量。对平台干扰发射机的波束、频谱、时间、波形实施精确控制,对编队内多点干扰资源进行综合管理,从而达到最佳的电子战效果。灵巧干扰既可以提升平台和体系的电子战能力,又可以增强平台的生存能力。

灵巧精确干扰需要电磁图谱侦测、威胁评估、灵巧干扰等技术的支撑。

(2)从开环无差别干扰向闭环精确控制干扰发展

在隐身作战状态下,电子对抗不再是一个"威胁—对抗"的简单过程,而是基于对战场环境的综合感知(传感器一体化),并对采取的所有对策进行风险分析和评估(双向评估),在风险/收益判断评估基础上做出行动决策的过程。行动决策既取决于己方的任务需求和能力,也取决于对敌方作战意图、威胁程度的判断(综合决策)。这个过程是一个随作战过程而不断地进行"感知—评估—决策—行动"的循环,具有很强的闭环智能化博弈特性。隐身作战状态下的电子已从开环无差别干扰向闭环精确控制干扰发展,这也是实施有效精确灵巧电子战所必需的。

闭环控制需要反馈信息,因此,电子战效果的感知和评估对于实现闭环精确控制干扰能力就至关重要。这需要强有力的战场态势感知能力、完善的数据库以及相关评估模型的支持。

(3)从单纯阻断信息链路向利用信息链路发展

传统的电子战是阻断信息链路,从而达到破坏敌方作战行动的目的。而隐身电子战的高阶段目标则是要达到控制敌方行动的目的,即要利用敌信息链路注入己方的恶意控制数据。而利用敌方信息链路的必要条件有二:一是充分掌握敌方信息链路的技战术特征,二是能有效注入恶意数据。这是两个关键技术都具有很高的挑战性。

(4)电子战实施主体可能隐身

在非隐身条件下的电子战,能感知到电子战实施者的存在,并且知道大概的方向,但有时可能难以处理。

在隐身条件下的电子战,要达到让对方感知不到或难以感知到电子战实施者存在的目的。由于没有感觉,因此根本不会采取处理措施;或即使感知到了电子战实施者的存在,也难以判断电子战实施者的大概方向;或是虽然能看到远距的空中电子战实施平台,但看不到攻击平台,对威胁的估计严重偏离实际情况。

在对手不知情的情况下,控制对手的信息链路,使对手察觉不到电子战实施者的存在,在此情况下,非接触形式的电子战最有效,效果最显著。可以达到按照己方的设计实施作战行动的目的。

3.4.2 隐身电子战的关键环节

隐身电子战包括三个关键环节,一是向敌方注入什么样的信号,二是何时如何注入,三是被注入后敌方会如何处理。

回答第一个问题需要研究敌手的通信频率、协议等问题,这主要靠情报或长期的侦察。第一个问题的研究成果是研究其他问题的基础。

回答第二个问题需要研究敌手的防空指控系统,研究敌手防空指控系统在不同状态下对各种注入信息(假设注入信息是符合系统协议的)的响应,如何使敌手防空指控系统处于可响应恶意注入信息的状态,恶意注入信息注入后敌手防空系统的反应。

在以上研究的基础上，才有可能较好地回答第三个问题。可以转化视角，回答若我的防空指控系统被注入恶意信息，怎么识别，如何处理。

3.4.3 隐身电子战战术运用设想

(1)隐身电子侦察

隐身飞机利用隐身特性，对敌方防空系统电磁信息实施主动诱发侦察，通过控制射频信号辐射方式，使敌方防空系统处于不同状态，达到获取敌方防空系统信号数据的目的。适用于平时或战时的战术侦察等作战行动。

(2)隐身编队突防

隐身飞机利用隐身特性，采用隐身电子战方式控制敌方防空系统，绕过敌方防空系统，对打击目标实施精确打击。适用于定点清除或斩首行动等小规模作战行动。

(3)混合编队突防

隐身飞机和非隐身飞机组成混合编队，隐身飞机利用隐身特性，先于非隐身飞机，采用隐身电子战方式控制敌方防空系统，并在必要时对其实施火力摧毁，掩护非隐身飞机对目标实施打击。适用于对地(海)打击、重点目标轰炸等较大规模作战行动。

从技术和作战发展角度看，隐身与电子战的结合已从初始的隐身作战平台与电子战的结合，向电子战的隐身方向发展，向赛博空间作战拓展。随着信息化作战对电磁领域、对战场网络的依赖程度越来越高，电子战的这种发展趋势必将给未来作战带来巨大的改变。

4 隐身电子战的概念支撑——分层攻击

分层攻击理论是随着隐身电子战研究的深入，逐步形成的隐身电子战牵引性理论，也是隐身电子战逐步拓展到战场网络空间（赛博空间）的理论牵引。从信号与信息处理的视角分析，电子战与赛博战对信息系统的攻击是层层关联、环环相扣、逐步递进的，因此在装备发展与作战运用中将二者割裂或加以区别对待的认识已经不能适应现代战争发展的需求。

随着军事信息系统网络化的发展，某一系统的终端已经不再是传统意义上的“终端”，而是装备网络的起点和源头，对该终端的攻击，可能仅仅是对其后面相连的复杂网络系统攻击的开始。对战场网络系统的攻击则进入赛博战领域，分层攻击理论将战场上通过射频信道实施电子攻击和网络攻击的作战行动统一起来。

4.1 舒特系统的启示

赛博电磁空间作战不应该是将传统电子战与传统赛博战简单叠加，而应该是信息作战概念、装备和指挥控制的一体化实现与运用，这样才能在快速多变的战场环境下赢得信息优势，在作战反应时间上快速响应，在作战能力上收放自如。美军已经开始从相互关联、相互依赖的角度来看待电子战、赛博战和电磁频谱战。作为一个典型例证，美军的舒特系统能够根据作战任务的不同，选择相应的攻击策略和攻击方式，实现对敌方地面防空信息系统实施电子干扰、电子支援、信息欺骗、信息窃取和夺取控制权等多种作战能力的灵活选择与应用。

目前对舒特系统技术原理和战术运用的细节还未具体掌握，对舒特系统的性能和能力还处于推测状态。虽然如此，舒特系统所呈现的作战概念对隐身电子战研究还是具有很好的启示意义。

4.1.1 舒特系统发展概况

舒特系统是美国空军研制的一种机载战场网络攻击系统，“舒特”项目以美国空军“红旗军演”的设计者之一舒特少校的名字命名，是美军为弥补对敌防空压制能力不足而提出的，专门针对防空系统实施赛博攻击而研发的一种赛博空间作战系统。根据资料报道，舒特系统采用无线攻击方式，在网络攻击条件成熟时，可通过网络将恶意数据注入防空网，对防空网实施欺骗、扰乱甚至控制。在战场网络环境中，舒特系统的核心是侵入敌方通信网络、雷达网络以及计算机系统，欺骗、误导、关闭，甚至接管敌方的综合防空系统。

早在 2000 年，洛马公司出版的 *Aero Star* 杂志就有了“舒特”的消息，一篇名为《先进技术演习》的报道描述了在美军“联合远征部队 2000 试验”中完成了一个称为“舒特”项目的技术演示。这是目前所能见到的关于“舒特”最早的文字记录。

2001 年 7 月，美国国防部呈交给国会的《网络中心战》报告的附件中首次正式披露了“舒特”的相关情况，指出“舒特”是美国空军实现从传感器到射手无缝一体化作战网络系统之一，其目的是实现情报、监视、侦察与进攻性电子压制和进攻性防空作战的一体化集成。执行侦察任务的传感器平台通过指挥所与电子压制和火力打击武器连接成一体化作战网络，一旦发现目标，就可迅速将目标信息传输给电子压制和火力打击武器平台，根据作战需要实施电子压制或火力打击，将信息优势迅速转化为行动优势。

2002 年 11 月，美国《航空周刊和空间技术》的一篇报道称，在最近的“舒特”能力演示中，EC－130“罗盘呼叫”飞机使用其最新改进的能力渗透到敌方的计算机系统中，对其进行控制，植入假目标，发布错误消息，甚至操作了敌方的传感器。同年，美国国防部要求国会对 EC－130 飞机追加资金进行改装，以提高飞机的“舒特”能力。

根据资料报道,对于舒特系统,美军采用了螺旋式开发、不断逼近设计目标的理念,已经发展了五代,并在 2000 年、2002 年、2004 年和 2008 年的两年一度的“联合远征部队试验(Joint Expeditionary Force experiment,JEFX)”中进行了技术演示。联合远征部队试验是美国空军在真实作战想定中,探索和评估新的和即将出现的空中作战能力的一系列试验之一。舒特系统发展历程如图 4-1 所示。

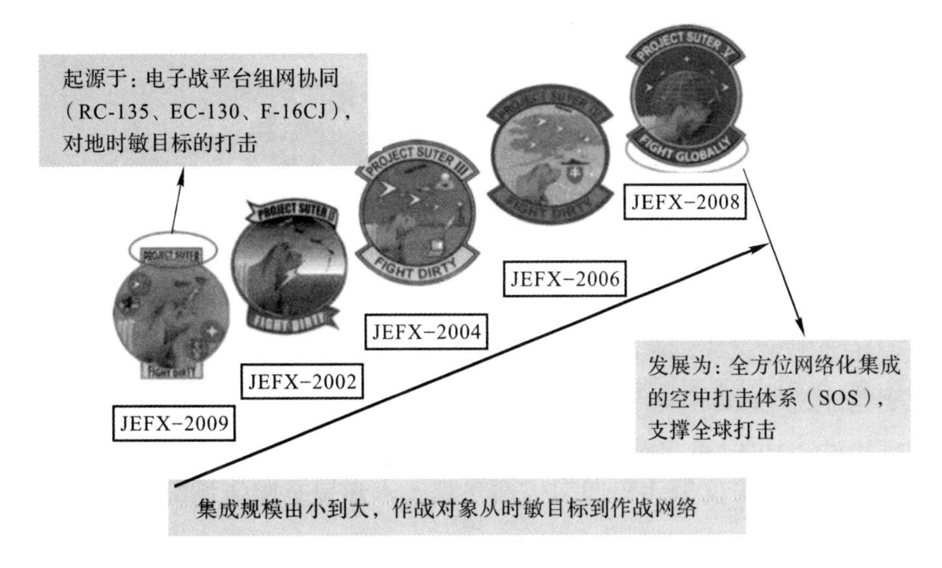

图 4-1 舒特系统发展历程

“舒特 1～3”系统主要在试验场进行了实装测试,“舒特 4”系统是首次将该系统用于实战测试,而“舒特 5”系统则是第一个功能相对比较完善,可供实战使用的系统,能够与“指挥、控制、通信、计算机、情报、监视、侦察与打击(C^4ISRK)系统”紧密耦合,提升体系化作战能力。

在 JEFX-2000 演习中,EC-130H 电子战飞机、RC-135U/V/W 电子侦察机和 F-16CJ 战斗机对“舒特 1”系统进行了技术演示,验证内容一是协同定位和干扰中连续观测,二是时间关键目标瞄准。在演习中,几个机种成功演示了信息平台和攻击平台的协同,并对目标进行了硬摧毁。演示表明,“舒特 1”系统可以实时监视敌方雷达探测结果,即攻击方操作员可直接看到敌方雷达屏幕的显示图像,并据此评估己方作战飞机隐身或利用地形遮蔽等战术应用的效果。“舒特 1”系统的组成如图 4-2 所示。

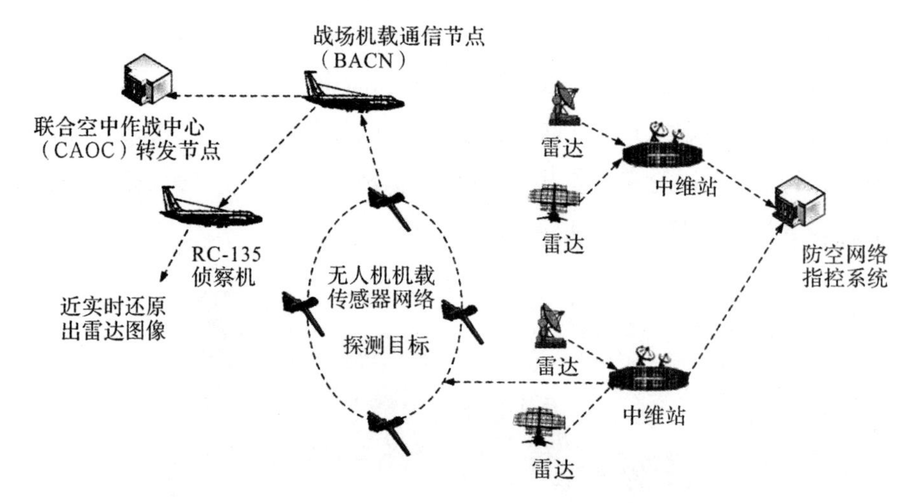

图 4-2 “舒特 1”系统组成

在 JEFX-2002 演习中，对“舒特 2”系统进行了技术演示。验证内容主要是通过交叉引导传感器快速发现移动的威胁目标。演习中，RC-135U/V/W 电子侦察机在敌防区外进行信号和信息侦察和搜索，并将结果及时传递给 EC-130H 电子战飞机，对敌方实施进攻性电子战。演示表明，“舒特 2”系统可以使攻击方人员替代敌方系统操作人员，作为系统管理员接管敌方网络并开始操控敌方雷达等传感器，但这实际上还只是一种非合作的互操作能力。“舒特 2”系统的组成如图 4-3 所示。

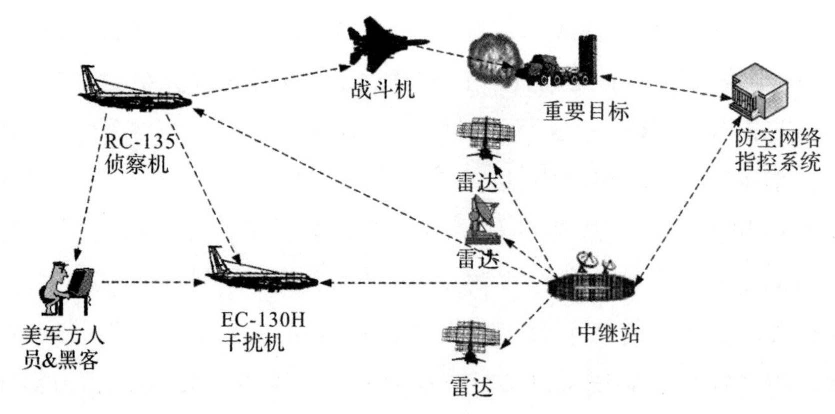

图 4-3 “舒特 2”系统组成

在 JEFX－2004 演习中，对“舒特 3”系统进行了技术演示。演示的主要内容是通过综合使用情报和高精度快速辐射源定位等非协作监视能力，实时侵入敌方时敏目标网络，引导 F－16CJ 战斗机发射反辐射导弹或其他精确制导武器对敌方雷达和通信设施进行硬摧毁。演示表明，“舒特 3”系统可以将非合作的监视能力扩展用于时敏目标，即可以入侵时敏目标的信息链路，如监视战场弹道导弹发射架或移动地空导弹发射架。“舒特 3”系统可在数分钟内实现对“飞毛腿”导弹、现代防空雷达和导弹发射架这类移动时敏目标的定位、识别、跟踪和引导打击。

2006 年，“舒特 4”系统在伊拉克和阿富汗实战中进行了技术性能测试。“舒特 4”系统对反抗组织和恐怖分子指挥控制系统的信号特征进行了识别，并进行了将目标信息快速传递给指挥人员和战斗机机组的功能测试。

JEFX－2008 演习中，对“舒特 5”系统进行了技术试验，该系统是为满足美国空军赛博司令部任务需求开展的第一个项目。“舒特 5”系统综合了电子攻击、赛博战、进攻性太空技术与动能打击、情报监视与侦察作战等多种手段，提高了识别和定位敌方指挥、控制和通信系统的能力，可生成战术信息作战联合态势图(全信息战场电磁图谱)，目的是使针对敌方机动网络化系统的动能打击、非动能打击以及情报、监视和侦察行动保持同步。在 JEFX－2008 演习中，除了 EC－130H、RC－135V/W 飞机外，EA－6B 和 EA－18G 电子战飞机也参加了演习。

电子战专家对舒特系统存在不同的看法，其基本观点包括以下几方面。

观点一：舒特系统是美国空军主导的一系列旨在演示通过系统集成，提升综合作战能力的创新项目，而不是新技术或新装备研制项目。舒特系统是基于现有作战装备和基础设施的集成，横向集成电子战、网络战和火力打击平台，纵向集成指挥控制、国家级和战场情报监视与侦察系统、作战执行单元。通过集成实现“共享感知、协同决策、协调行动”，从而以更快的 OODA 环节奏和精准高效的攻击获取战场优势。

观点二:舒特系统不是网络攻击系统,目前仅提及“判断网络类型、分析拓扑结构、识别关键节点”。舒特系统作为一个多种资源和手段的综合集成项目,不研究和开发赛博攻击技术,但不排除在今后的演进中开展赛博攻击的研究。

观点三:美国航空杂志所报道的具有“网络入侵、接管和控制”能力的舒特系统可能只是一个坊间传闻。

尽管舒特系统技术上可行,但在作战使用上的可行性尚存在疑惑,还存在许多技术和使用方式上难以解决的问题。如进行的技术原理演示验证试验是在已知注入对象技术细节的基础上进行的,尤其是通信协议、数据格式等高密级的技术细节。对于作战对手装备的技术细节的掌握程度直接决定着信号注入的可行性。

美国能对叙利亚等国的俄制防空系统实施舒特攻击,很大的原因就是美方掌握俄制防空武器系统的技术细节。美国乘苏联解体之际,从前苏联国家获得了大量苏联先进武器,包括 C－300 等先进防空导弹系统。美国通过测试对俄制防空武器系统的技术细节充分掌握,因而可以做到对其实施电子攻击准确到位。如美军就曾对从乌克兰获得的 C－300 雷达进行了深入研究,掌握了其具有盲速的技术缺陷,而后即采用相应的战术应对措施对 C－300 进行突防测试,测试结果表明,相应战术应对措施对于突防 C－300 十分有效。

4.1.2 舒特系统的能力和攻击过程

根据资料研判和分析认识,舒特系统采用了一种集战场侦察、电子干扰、赛博攻击、精确打击于一体的综合攻击技术,舒特系统采用无线攻击方式,在网络攻击条件成熟时,可通过网络将恶意数据注入防空网,对防空网实施欺骗、扰乱甚至控制。

对舒特系统的能力推测可以概括为以下几点:

1)监测敌方防空雷达的探测结果,即能够截获并在己方系统上显示敌方雷达屏幕的图像,为己方评估突防效果提供最好的依据。这一攻击方式技术原理成立,技术可行,但在作战使用上很难实现,尤其是远距情况下，技术实现难度很高。

2)允许己方人员以系统管理员身份控制敌方防空网络并操纵其传感器。舒特系统主要通过三种方式实施作战行动：一是通过注入恶意数据，改变敌方雷达的搜索方向，这实际上仍是一种欺骗干扰。二是用假目标淹没敌方系统，或采用假目标进行欺骗，这与传统的电子干扰方式相同。三是通过注入控制数据，在敌毫不觉察的状态下，控制敌方的防空系统，这在技术原理上是成立的，但在技术实现和作战使用上很难做到。若舒特系统可以通过这种方式控制对方的雷达，想让雷达怎么转就怎么转，则己方飞机连隐身都不需要了。

3)增加侵入敌方时敏目标链路的能力。美国2016年对朝鲜导弹试射采用的“主动抑制发射”赛博武器就可视为这种能力的体现。

舒特系统的攻击过程如下：

1)对目标实施电子侦察，掌握敌方防空体系的无线联络内容。对侦收到的信号和信息进行分析、识别、处理。

2)根据作战目的选择攻击方式。舒特系统有三种攻击方式：一是通过数据链路将目标信息传递给EA－6B、EA－18G等电子战飞机，由其对预定目标实施电子干扰；二是通过数据链路将目标信息传递给F－16CJ或其他战斗机，由其对预定目标实施反辐射攻击或精确火力打击；三是通过数据链路将目标信息传递给EC－130H电子战飞机，由其对预定目标实施赛博攻击。

3)实施赛博攻击。EC－130H电子战飞机对预定目标实施赛博攻击时，首先由RC－135电子侦察飞机通过网络中心目标瞄准系统(NCCT)，对敌方辐射源进行高精度精确定位，然后由EC－130H向敌方雷达或通信系统发射注入信号(包括恶意算法和程序)，渗入敌方防空雷达网络，窥测敌方雷达屏幕信息，或实施干扰和欺骗，或冒充敌方网络管理员身份接管控制网络。

4)进入敌方防空网后，己方操作人员可以通过屏幕实时监视敌方雷达，根据具体情况，产生假目标淹没对方系统，或引导雷达在错误方向搜索，或迫使敌方雷达转换工作状态。

4.1.3 舒特系统概念的启示

从技术原理上讲，通过射频注入方式侵入敌方指控系统在技术上是可行的，这一点认识也得到了技术验证结果的支撑。但若从作战使用角度看，则是很难实现的。技术验证试验表明，从外部通过射频信道向通信系统、GPS系统注入恶意信号在技术上是可实现的，但对雷达系统而言，则是相当困难的。由此判断，舒特系统主要是以射频注入方式侵入对方的通信链路。

尽管在技术和作战使用上存在许多难以解决的问题，但舒特系统作战概念仍可带来一些启示，主要体现在以下几方面。

(1)能量从外部压制转向内部注入

传统的电子战主要是运用强干扰能量从雷达天线入口进入，实施压制和欺骗干扰。而舒特系统则从射频信道(通信、制导)注入恶意数据，形成欺骗、扰乱和控制。

(2)攻击节点后移

传统电子战的攻击节点主要在前端的雷达信号处理，而舒特系统攻击的节点则拓展到了后端的指挥控制部分。这种攻击更隐蔽、更有效。攻击方不仅可以“知己知彼”，还可以达到“控己控彼”的境界。

(3)攻击于隐形之中

对于传统的电子战，可能难以应对，但至少知道敌方的存在，而舒特系统的攻击则是一种隐形的攻击。舒特系统通过注入恶意数据，在敌方不知情的条件下控制了敌方的系统，使敌方在不知情的条件下依据虚假信息实施战斗行动。

从目前的资料看，舒特系统的作战平台是非隐身的，这些非隐身的作战平台通过隐形的攻击，掩护其他非隐身合作平台突防，使其他非隐身平台在敌方防空系统面前升级为“隐身”平台。

舒特系统的重要启示就是，要将电子战的前端攻击能力向深层攻击拓展，攻击在前点，影响向后移，形成对敌方信息装备的深层攻击能力，达到对敌方体系网络实施深层攻击的目的，而这正是赛博空间作战所追求的境界。

4.2 信息系统功能层次划分

为便于对军事信息系统的理解，将其从功能上划分为五个层次，分别是物理层、接入层、网络层、业务层和服务层，如图 4－4 所示。其中，由于雷达接收机不涉及多址连接和信道分配问题，所以没有接入层和网络层。

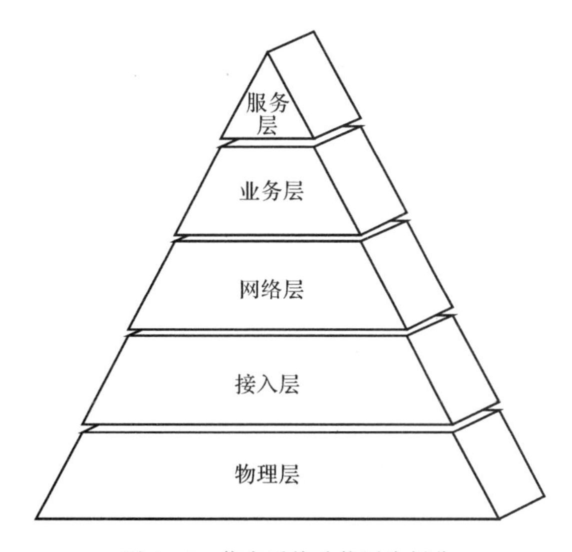

图 4－4 信息系统功能层次划分

物理层：主要包括装备的实体、信号传输通道，以及对接收信号进行放大、滤波、变换域处理和模数转换等预处理的过程，为接收信号的后续处理做好准备。

接入层：主要对通信系统而言，解决多用户接入和遴选期望用户信号的作用。

网络层：主要功能就是实现信息的交换，信息能够通过恰当的传输通道到达期望的信宿。

业务层：如果说前面几层是为了解决信息传输的可靠性、可达性和有效性的话，业务层则主要解决信息的可辨识性，包括消息格式的转换、加密解密、语言语种的转换等。

服务层：是面向服务对象的需求，提供定制和专用的信息保障。

4.3 典型的信息攻击方式

实施电子攻击的最终目的是阻断对方的信息链路，而阻断信息链路的方式并非只有一种。除了传统电子战的“外伤”式蛮力阻断以外，采用“内伤”式智能阻断是一个新的思路，它能以对方难以察觉的方式实施攻击，让对方收不到信息，或者收到大量错误信息，以达到阻断信息链路甚至获取装备控制权的目的。这里基于上述的分层模型，从电子攻击的工作机理方面进行研究和分析，以期得到新的认识。

(1)电子攻击

根据电子战的定义及其应用功能领域，电子战包括电子攻击、电子支援和电子防御三大主要功能类别。其中电子攻击可分为电子干扰、电子欺骗、电磁毁伤与反辐射攻击三个门类。不管是通信系统还是雷达系统，信息均是由电磁信号所携带。电磁信号的四个基本参数分别是空间域、时间域、频率域、波形域，它所携带的信息也就依存在其中一个或几个基本参数上。

电子干扰方式，主要是在物理层及接入层实施攻击。物理层攻击的主要目的是使信噪比低于解调判决门限值，从而影响判决器的正常判决，使敌方产生足够多的差错，干扰信息的恢复。电子干扰分为有源电子干扰和无源电子干扰两类。

电子欺骗方式的攻击目标通常是敌方的传感器。对于雷达系统和卫星导航接收机来说，电子欺骗属于对服务层的攻击。攻击方将精心设计的虚假雷达信号注入业务层，经业务层处理后，虚假的目标信息或定位信息被送至信息处理模块进行处理，最终影响目标方的决策和设备操作。

电磁毁伤方式是通过向敌方施加强功率干扰，使微波器件或电子线路过载或损坏。反辐射攻击方式是对目标实施物理摧毁。这两种攻击方式也可归结为对物理层的攻击。

(2)网络攻击

网络攻击是指由计算机网络发起或针对计算机网络进行的各种扰乱、禁止访问、破坏、摧毁和窃取计算机信息的行为。计算机网络攻击手段涵盖了各种由计算机网络执行发起或针对它们的各种攻击模式。

可以从不同角度对网络攻击方式进行分类,例如:从攻击的目的来看,可以有拒绝服务攻击、获取系统权限的攻击、获取敏感信息的攻击;从攻击的切入点来看,有缓冲区溢出攻击、系统设置漏洞的攻击等;从攻击的纵向实施过程来看,有获取初级权限的攻击、提升最高权限的攻击、后门攻击、跳板攻击等;从攻击的类型来看,包括对各种操作系统的攻击、对网络设备的攻击、对特定应用系统的攻击等。常见的网络攻击方式有四大类:拒绝服务攻击、利用型攻击、信息收集型攻击、假消息攻击。

(3)舒特攻击

舒特网络攻击系统以敌方防空系统的雷达和通信系统的天线为入口,渗透到敌防空体系中实施干扰或欺骗。

从技术上讲,舒特攻击实际上是一种集战场侦察、电子干扰、网络攻击和精确打击于一体的综合性进攻技术。舒特系统在使用中,需要在电子侦察系统、电子信号发射系统和目标系统三者之间构成信息打击闭环。从工作机理上分析,舒特系统的攻击点主要在敌方雷达系统和信息传输系统的物理层、应用层和服务层。其中对物理层的攻击,与传统电子干扰方式相似;而对应用层和服务层的攻击则是舒特攻击的最大特点,目的是以隐蔽的方式中断目标方系统的正常运行,并取得该系统的控制权,这与网络攻击方式十分相似。舒特攻击具备对接入层和网络层的攻击能力,但并没有将其作为主要攻击目标,原因是作战效费比不高,且易于被被攻击方觉察。

(4)隐身攻击和高超声速武器攻击

前面讨论的电子战攻击、网络攻击和舒特攻击方式,都是通过电子信号注入的方式实施攻击,可统称为主动式信息攻击。隐身攻击和高超声速武器攻击是武器装备未来发展的趋势,从信息层面分析,二者都可视为特殊的高端信息攻击方式。称其为“特殊”,是因为隐身攻击和高超声速武器攻击并不对目标系统注入电子信号,而是属于被动式信息攻击;称其为“高端”,是因为二者均是对信息系统的服务层实施攻击,攻击的机理都是压缩目标方对信息的处理时间。

隐身攻击采用了信息欺骗的方式,它通过装备自身结构和作战使用方式的特殊设计,缩短了对手传感器的探测距离,使得对手不能及时发现目标,进而缩短了信息处理和决策的时间,以至于来不及进行有效决策和有效控制。当隐身攻击的火力打击距离超过对方目标探测范围时,就可以在对手尚未觉察的情况下实施突袭。目前多种方法来反隐身,无论是采用提高传感器探测能力的方式,还是采用多装备协同和作战体系支援的方式,其基本思路都是用大量作战资源(功率资源、频率资源、设备资源等)来换空间,再用空间换时间。

相比较于隐身攻击来说,高超声速武器虽然容易被探测,但由于其高空高速特性压缩了作战空间,留给目标方用于信息处理的时间有限,目标方无法对高超声速武器的运动轨迹和攻击目标进行及时预测,导致很难实施有效拦截。如果将高超声速和隐身攻击相结合,可以强化对服务层的攻击强度,进一步压缩对方的反应时间,增强打击效果。

OODA 理论十分强调循环时间的重要性,OODA 环的核心就是信息处理环,它通过服务层向作战人员或作战系统提供了 O、O、D、A 四种服务,而加快己方 OODA 环的循环速度,就相当于用大量信息阻塞了对手 OODA 环的信息处理通道,迟滞对手行动,压缩反应时间,以赢得自身优势。

隐身和高超声速攻击虽然不属于实体的电子战领域,但这种作战样式可为电子战的发展提供相应的启示。隐身和高超声速攻击的实质都是压缩对手的反应时间,从而达到换取自身生存空间的目的。

针对不同功能层的攻击,其攻击的模式和预期达到的攻击目的是不同的，几种典型攻击方式如表 4－1 所示。

表 4－1　典型信息攻击方式

攻击层次	物理层	接入层	网络层	业务层	服务层
攻击模式	阻(阻塞链路)	扰(扰乱通道)		瞒(麻痹系统) 窃(偷取信息) 骗(干扰决策) 压(压缩时间)	
攻击目的	收不到有用信号	送不出有效数据		无法得到真实信息 无法保住内部秘密 无法做出正确判断 无法实现实时响应	

对于物理层的攻击，目的是阻塞信息传输链路，破坏信息传输的可靠性和有效性，让目标方收不到有用的信号。对接入层和网络层的攻击，目的是扰乱数据传输和交换的通道，破坏信息传输与交换的完整性和可控性，让有效数据无法送达到期望的信宿。对业务层和服务层的攻击，是在解决了信息可辨识的基础上进行的，其攻击的样式最多，给信息系统带来的影响也最为复杂，最终达成目标方得不到真实信息、保不住内部秘密、做不出正确判断、达不到实时响应的攻击目的。攻击服务层的终极目标就是控制目标方系统，并以此作为跳板，对其后相连的信息系统实施攻击。

4.4　分层攻击作战概念

作战信息具有时效性，对作战信息的攻击方式包括攻击信息本体、信息载体或信息受体，以及信息受体为理解信息本体而付出的处理时间。电子战攻击方式是破坏信息载体；网络攻击和舒特攻击既可以攻击信息载体，也可以攻击信息本体；隐身攻击和高超声速武器攻击则是通过压缩信息受体的处理时间来破坏信息受体对信息的获取。

分层攻击就是根据己方作战目的，通过向敌方信息传输系统注入针对性设计的信号，对敌方信息系统的不同功能层进行干扰、欺骗和破坏，从而对敌方达到实施阻断传输链路、破坏网络运行、获取作战信息和控制装备操作的目的。现有的电子干扰、雷达干扰、网络战等多种信息对抗样式都是对信息系统的某一项或某几项处理环节实施的攻击，均属于分层攻击的范畴，是分层攻击样式的具体体现。依托分层攻击的定义，可以把电子对抗、雷达对抗、通信对抗、导航对抗、网络攻击等不同形式的信息对抗概念统一在一起。

从实现方式上看，分层攻击就是根据己方作战目的，通过向敌方信息传输系统注入针对性设计的信号，对敌方信息系统的不同功能层进行干扰、欺骗和破坏，从而对敌方达到实施阻断传输链路、破坏网络运行、获取作战信息和控制装备操作的目的。

从信息攻击的角度来看，针对不同功能层实施攻击，会给信息系统带来不同的影响，例如造成对方数据传输异常、让对方收到虚假信息或做出错误的决策，甚至操控对方的装备等。

4.4.1 分层攻击模型

可以从功能、应用和技术三个方面建立分层攻击的参考模型，目的是借助这种通用的概念描述框架，对分层所包含的主要内容、功能服务等进行系统描述，使各方面人员在理解分层攻击的概念内涵、作用机理、作战使用、设备分类等方面形成统一的认识。

(1)功能模型

分层攻击的功能模型如图 4-5 所示。

分层攻击作战概念揭示了雷达对抗、通信对抗、导航对抗、网络对抗等不同作战样式之间的内在联系和交联关系，是这几种作战样式的一体化表述。在陆、海、空、天、电、网多维战场空间，分层攻击通过信号侦收与分析、信号指纹识别与目标特性匹配、信息与网络加密破解、攻击信号设计产生与注入、计算机病毒攻击等方面的技术应用，实现了对敌方信息系统的物理损毁、信息阻塞、传感器探测能力压制、信息窃取、欺骗信息注入，以及获得系统控制权等方面的作战能力。分层攻击作战概念是将雷达对抗、通信对抗和网络对抗等多种信息对抗样式进行一体化整合的纽带，支持实现对战场信息制权的有效掌控。

基于分层攻击作战概念，能够支持空军在已拥有的航空兵/防空兵电子对抗装备和作战能力的基础上，向网络作战能力方向拓展，形成具有空军装备和作战特色的信息对抗装备体系和信息对抗作战能力。在攻防作战中，能够依托空中平台，对敌信息系统和信息化武器装备实施不同层次和程度可控的信息攻击。

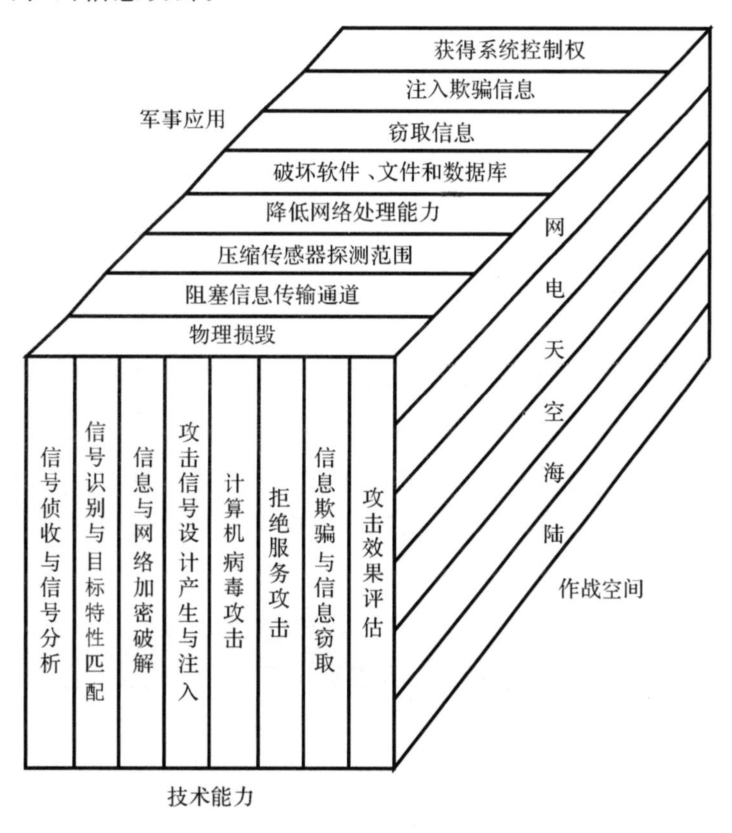

图 4-5 分层攻击的功能模型

(2)应用模型

分层攻击的应用模型如图 4-6 所示。

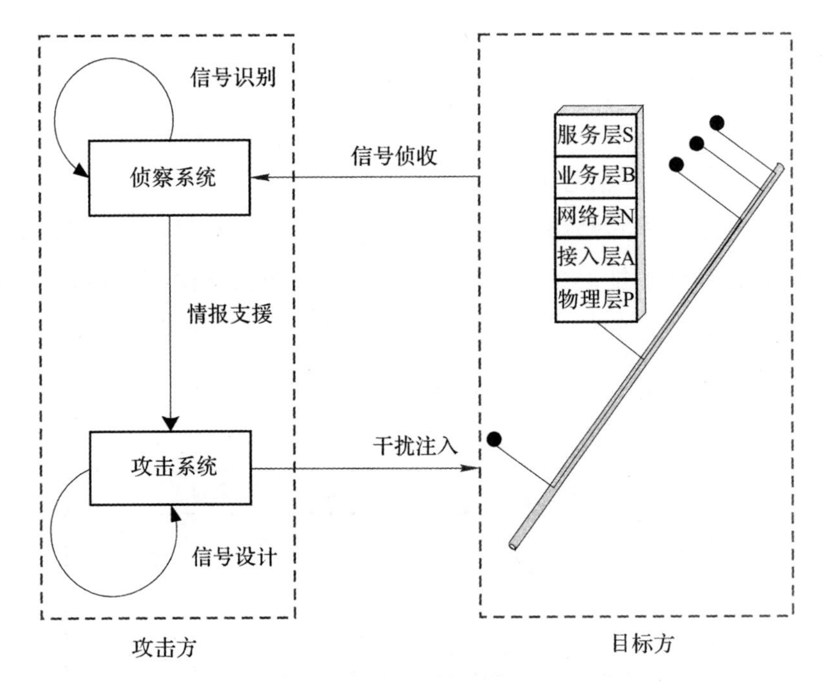

图 4-6　分层攻击的应用模型

目标方系统是指敌方的各类信息系统和信息化武器装备,包括通信系统、传感器系统、网络系统,以及包含上述三类系统的各类作战装备。

攻击方系统由侦察系统和攻击系统两部分组成。侦察系统的核心任务是信号侦收与信号识别,即通过平时和战时的信号侦收,分析和掌握目标方各类信息系统的体系架构、运行使用模式、各功能层的信号特征和技术参数,建立相应的数据库和模型库,为实施攻击提供情报支援。攻击系统的核心任务是信号设计和干扰注入,即针对攻击目标进行信号设计,使干扰能够进入目标方系统相应的功能层发挥作用,并通过合适干扰注入手段实现攻击。

(3)技术模型

分层攻击的技术模型主要包括攻击方系统、目标方系统,以及目标方系统的可观测空间和攻击想定生成与效果评估模块等,如图 4-7 所示。

在图 4-7 中,实线表示信号的实际传输路线,虚线表示攻击信号的逻辑传输路线。在攻击过程中，攻击方系统根据攻击计划输入攻击指令，攻击指令经攻击方系统的服务层、业务层、网络层、接入层的逐层处理，通过物理层将攻击信号注入目标方系统中。

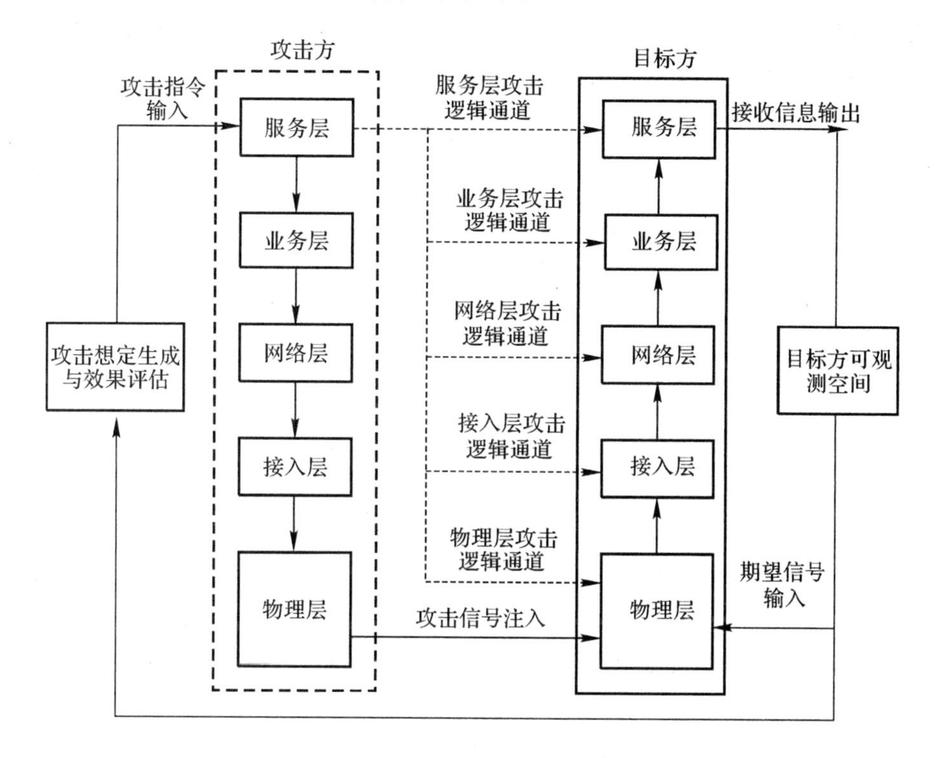

图 4-7　分层攻击的技术模型

从图 4-7 可看出，攻击过程具备两个特点：一是攻击的逻辑通道是自下而上逐层建立的；二是针对目标方不同层次的攻击任务，攻击方注入的攻击信号是经过针对性设计的。

若是针对物理层的攻击，此时攻击信号会在物理层发挥效力，干扰目标方系统物理层的正常运行；若是针对接入层的攻击，则攻击信号会经物理层的正常处理，传输至接入层时再发挥效力，干扰目标方系统接入层的正常运行；若是针对网络层的攻击，则攻击信号会经物理层和接入层的正常处理，传输至网络层时再发挥效力，干扰目标方系统网络层的正常运行；针对业务层和服务层的攻击流程以此类推。

4.4.2 分层攻击典型样式

前面讨论的电子战攻击、网络攻击、舒特攻击等攻击方式，都是瞄准攻击信息系统的某一个或某几个功能层，是分层攻击的具体实现方式。分层攻击的几种典型样式如表 4－2 所示。

表 4－2 分层攻击典型样式

序号	攻击层次	攻击样式	主要攻击手段
1	物理层	电子干扰	大功率压制干扰、无源电子干扰
		电子干扰	阻塞式干扰、瞄准式干扰、窄带干扰、转发干扰
		电磁毁伤	电磁武器攻击、反辐射攻击
		舒特攻击	大功率压制干扰
		舒特攻击	阻塞式干扰、瞄准式干扰、窄带干扰、转发干扰
2	接入层	信令干扰	假信令欺骗、导频干扰、定时干扰
3	网络层	网络攻击	假消息攻击（IP 欺骗、ICMP 重定向攻击、IP 分片攻击、ARP 欺骗）、分布式拒绝服务攻击（SYN 洪水，能力消耗攻击）
4	业务层	电子干扰	雷达欺骗干扰、瞄准式干扰
		网络攻击	假消息攻击（DNS 欺骗、WEB 欺骗、中间人攻击）、分布式拒绝服务攻击（能力消耗攻击）、信息收集型攻击
		舒特攻击	假消息攻击（DNS 欺骗、WEB 欺骗、中间人攻击）、信息收集型攻击
5	服务层	电子欺骗	雷达欺骗（伪信息）干扰、导航欺骗干扰
		网络攻击	假消息攻击（电子邮件欺骗）、利用型攻击（木马、缓冲区溢出攻击）
		舒特攻击	假消息攻击（电子邮件欺骗）、利用型攻击（木马、缓冲区溢出攻击）
		隐身攻击	隐身飞机

4.5 对分层攻击理论的认识

分层攻击理论将电子战和网络攻击两大类作战样式统一起来，通过分析，可以得到以下几点认识：

1)对信息系统的攻击是分层实施的。对信息系统不同功能层的攻击，可以达到不同的作战效果。传统的电子战攻击和网络攻击分别是对信息系统不同功能层实施的攻击，从信息作战的角度来看，二者是统一的。

2)信息系统的任何功能层都会成为攻击点。

3)攻击的功能层越高，即攻击的深度越深，攻击的隐蔽性就越好，造成的破坏也越大，但实现难度也越大。

4)攻击信号的设计与攻击点密切相关。攻击信号与目标方信号样式越相近，或者说攻击信号与目标系统信号处理方式的匹配性越高，攻击效果就越好。

5)攻击信号必须逐层进入。对更深一层的攻击建立在对上一层有效了解的基础上。

6)对攻击效果的评估具有模糊性。攻击方和目标方可能都难以对某一次攻击带来的影响给出准确的评估。

随着武器装备信息化、网络化程度的不断发展升，新型的电子战系统可以依托分层攻击理论发展逐层攻击的能力。

5 隐身电子战的智能样式——认知电子战

在美军全域战概念中，电磁频谱（Electro Magnetic Spectrum，EMS）作为继陆、海、空、天、网（赛博空间）之后的第六大作战域，不仅是一个独立的作战域，还将渗透到所有其他作战域，是一个传统作战域和其他新兴作战域融合行动的促成者。未来联合作战体系下，电磁频谱域的对抗成为“新战场”，也是作战中最先发起攻击的“首战场”。随着人工智能和机器学习算法在电子战中的应用，“智能＋电子战”模式下“认知电子战”（Cognitive Electronic Warfare，CEW）成为当前电子战技术发展的新方向。基于此，本章主要对认知电子战的概念内涵、作战机理和作战模式等进行分析。

5.1 认知电子战的概念内涵

2015 年 12 月至 2019 年 11 月以来，美国战略与预算评估中心（Center for Strategic and Budgetary Assessments，CSBA）相继发布了《决胜电磁波——重塑美国在电磁频谱领域主宰地位》《决胜灰色地带——运用电磁战重获局势掌控优势》和《决胜无形战争——赢取电磁频谱中的持久优势》的“电磁决胜”三部曲系列报告，明确指出自适应化/认知化是未来电子频谱战中的关键技术与重点发展能力。

5.1.1 认知电子战概念

在现代战场，复杂的雷达和拥塞的频谱要求电子战系统能描述和识别新的波形，判断其意图并设计和测试对抗措施。美军认为，未来空中作战环境下,敌方先进的可编程雷达将对己方目标进行有效探测并实施拦截,希望认知电子战赋予作战飞机(EA-18G、F-35等)近乎实时的认知干扰能力,能够自主探测、识别敌方防空系统和雷达威胁,并通过机器学习算法在飞行中实时改变干扰策略、优化干扰波形,评估干扰效果。认知电子战旨在通过组合各种传感器和机器学习工具包来进行感知、表征并利用EMS,使用认知电子战工具,作战人员将能够观察到EMS威胁、定位频谱。

认知的思想最早体现在认知无线电领域,其技术核心是能够对周边环境进行感知,并根据环境的特点来实时调节优化自身的工作参数。随后美国科学家Simonhaykins将认知的思想融入雷达设计领域,提出了认知雷达的概念。从2009年开始,美军为提高电子战作战效能,逐步将认知的概念引入电子战装备中,标志着认知电子战概念的形成。

王沙飞院士将认知电子战定义为:以具备认知性能的电子战装备为基础,注重自主交互式的电磁环境学习能力与动态智能化的对抗任务处理能力的电子战作战行动,是电子战从“人工认知”向机器“自动认知”的升级。其中,装备认知能力的提升集中体现了认知电子战的根本属性,并作为显著特点区别于传统电子战。从OODA环来看,认知电子战作战过程形成了一个认知循环过程,整个体系包括自主环境感知、智能决策行动和在线效能评估三个模块,典型的认知电子战功能组成框图如图5-1所示。

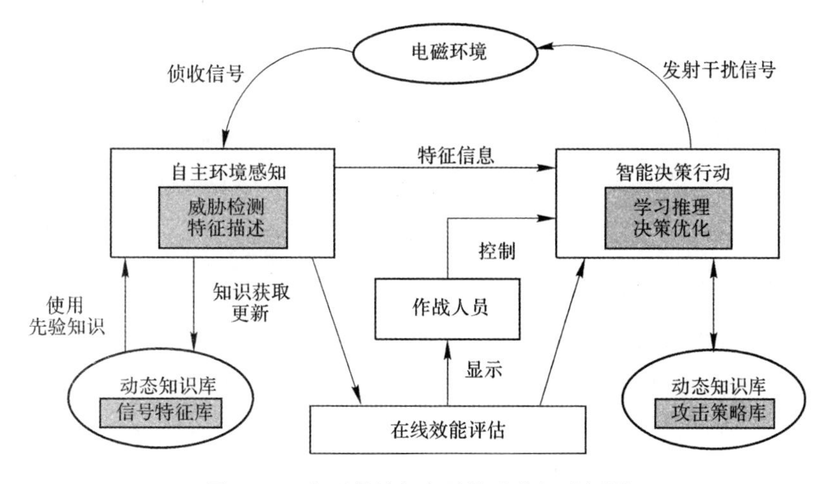

图5-1　典型的认知电子战功能组成框图

由图 5－1 可以看出，认知电子战系统的实质包括三个方面：一是对目标对象和周边环境的自适应感知；二是从侦收到的海量数据中快速准确地分析出可用知识，进而智能地选取或合成最佳的电子攻击措施；三是通过进一步的感知来对攻击效能进行评估，最后根据评估优劣来指导系统下一步的电子进攻。

认知电子战的核心是电子支援（Electronic Support，ES）。每个认知电子战系统中的第一步都是电子支援（ES），即确定是何人，在何时、何处使用频谱，以及是否有可以利用的模式。认知电子战可以用于“观察和理解战区中所有参与者的计划、活动和目的”。同样，认知电子战也适用于电子攻击（Electronic Attack，EA）和电子保护（Electronic Protection，EP）。未来战场，电磁频谱冲突的速度和复杂性只会不断提升，对决策的时间要求比人类能够处理的速度更快，并且复杂性使得输入远比人类所能处理的更多，这就导致对作战人员而言选择太多而无法进行分析。

5.1.2 认知电子战内涵

随着软件无线电的出现，发射机理论上可以采用无限排列的独特信号特征。这些变化使传统的电子战系统变得无所适从，因为它们适应的速度远远快于新方法的创建。机器学习技术可以使电子战系统识别、利用和调整的速度快于对手的适应速度。通过快速多样的电子战攻击，可以打破敌人对 EMS 地带的控制。

当战争迈入智能化时代，当代电子战的复杂性同样凸显了人工智能的重要性，人工智能即认知电子战的核心。认知系统通过“感知环境、推理态势，并采取行动”实现目标，关键是通过从与环境的交互中学习，以提态势评估、决策和学习能力。

（1）自主环境感知

系统认知传感器对作战环境完成自主感知，侦收到目标及其周边环境信号后，进行测量、分类、特征提取和识别等信号处理分析过程，采用机器学习算法和特征学习技术，通过传感器与环境的不断交互持续地学习环境，进而在先验知识的支持下，分析出目标威胁信号的特征，形成特征描述数据，并将特征信息传给智能决策行动模块。

(2)智能决策行动

自主感知模块完成对电磁环境信息的“认知”对抗，通过分析信号特征，并结合知识库中的学习信息，利用人工智能(Artificial Intelligence，AI)算法自动合成能够有效对抗的电子攻击措施，快速确定最佳攻击策略，同时进行自适应干扰资源分配和最优化干扰波形。

(3)在线效能评估

对抗效果评估模块根据实施干扰前、后目标信号特征的变化来定量地分析对抗效果，或者根据威胁信号在干扰下产生的明显变化评估所采取干扰措施的效果，得到当前干扰措施的效能评估结果，并根据评估结果实时调整干扰策略，进而促进下一轮对抗措施的合成，同时将干扰的结果形成知识库。

5.2 美军认知电子战项目分析

5.2.1 主要认知电子战项目

从建立概念的作战应用，认知电子战对于美军已经并不新鲜，但机器学习的进步为其适应竞争激烈的频谱提供了新的机会。认知电子战旨在通过组合各种传感器和机器学习工具包来进行感知、表征并利用 EMS。使用认知电子战工具，作战人员将能够观察到 EMS 威胁，定位频谱，使用多作战域联合兵种，并迅速巩固已取得的作战成果。

随着战争形态和作战手段的变化，战场电磁环境越来越复杂，制电磁频谱权变得愈加重要，成为制天权、制空权、制海权的前提。在复杂电磁环境、多域战背景下，如何保证制电磁权成为一大挑战。2010 年，美空军研究实验室(Air Force Research Laboratory，AFRL)明确提出：要在频谱密集的环境下实现在任意时间、任意地点自主地发现、确定、跟踪、瞄准、交战与评估任意目标，就必须改变当前构建、修改、部署雷达与射频系统的方式。而达到这一目标的方式就是提高“认知”能力。因而，从DARPA 到各军种都安排了相关的“认知电子战”项目，意图通过“认知电子战”使美国重回在电磁频谱领域的主宰地位。未来电磁频谱作战不仅成为全域联合作战的首要作战模式，制电磁权更是胜战的前提和制衡强敌的重要手段。下面介绍美军开展的五个典型认知电子项目。

(1)行为学习自适应电子战项目

DARPA 于 2010 年启动的“行为学习自适应电子战”(Behavioral Learning for Adaptive Electronic, BLADE)项目作为美国防部认知电子战的先驱，其主要目标是开发一种实时检测、分析、对抗的无线通信战术级系统。BLADE 项目的核心技术是机器学习技术及相关自适应学习算法，其作战装备将实时分析局部电磁环境，快速检测并描述威胁信号，对自身干扰装备的发射参数进行修改，自动合成最优化干扰波形，以达到最佳干扰效果。BLADE 通过机器学习实现动态对抗自适应通信卫星的能力，提供了更加智能的频谱行动能力。

BLADE 项目用于研发战术环境下对抗新出现的和动态变化的无线通信威胁的能力。自适应电子战正实现从基于实验室的人工密集型对策研发方法，向自适应战场的系统方法转变。该项目将通过研发新的机器学习算法和技术来实现，这些算法和技术可以快速探测和识别新出现的无线电威胁，动态综合分析新对策，且可以基于空中观测威胁目标的变化，提供准确的电子战毁伤评估。

(2)自适应雷达对抗项目

DARPA 的“自适应雷达对抗”(Adaptive Radar Countermeasures, ARC)项目旨在开发能够对抗敌方自适应雷达信号的电子战系统。该技术使美军机载电子战系统能够在空中实时自动制订针对新雷达、未知雷达和自适应雷达的有效对抗措施。自适应雷达对抗技术采用开放式架构，可以在不影响系统其他元器件的情况下，嵌入、修改和移除软件模块。自适应雷达对抗算法和信号处理软件，既适用于新型电子战系统，也适用于升级现有电子战系统，不需要对前端射频硬件进行大规模改造。其工作流程为：从敌方、友军和中立信号中筛选未知雷达信号；推断该雷达的威胁等级；合成和发射对抗信号，实现对威胁雷达的预期干扰效果；空中监视威胁行为并评估对抗措施的有效性。

2020年8月，美国海军与莱多斯公司签订了5890万美元的合同，为F/A-18“超级大黄蜂”战机上的AN/ALQ-214A电子战系统开发自适应雷达对抗硬件和软件，将使该电子战系统具备自适应雷达对抗能力。

(3)反应式电子攻击措施项目

“反应式电子攻击措施”（Reactive Electronic Attack Measures，REAM）项目是美国海军未来海军能力（Future Naval Capabilities，FNC）项目之一，于2016年启动，旨在开发信号探测和分类技术，用于识别敏捷雷达威胁，并改造DARPA的自适应雷达对抗（ARC）项目的机器学习算法，支持电子支援和电子攻击能力。2018年4月，诺斯罗普·格鲁曼公司与美军海军签订合同，为“反应式电子攻击措施”（REAM）项目开发机器学习算法并应用于EA-18G电子战飞机，以实现“应对灵活、自适应、未知的敌方雷达”的目标。

2021年3月，在EA-18G最新的升级中，DARPA的利用自适应雷达对抗（ARC）等项目开发的基于人工智能的机器学习算法，将认知电子战能力通过ALQ-218(V)4射频接收机和作战系统软件部署到EA-18G上，以有效地探测灵活、自适应和未知的敌方雷达或低截获概率雷达等；而美海军的“反应式电子攻击措施”（REAM）项目通过机器学习生成自适应对抗技术用于“下一代干扰机”（Next Generation Jamming，NGJ），使EA-18G更有效地探测、分类、压制或摧毁敌方的传感器和系统，更有效地破坏对手的杀伤链。

(4)“破坏者SRx”电子战系统

“破坏者SRx”（Disruptor SRx）电子战系统是美国L3哈里斯公司开发的下一代电子战技术，是目前美国已达到商用现货程度的认知电子战系统之一。该系统具备电子攻击（EA）、电子保护（EP）、电子支援（ES）、电子情报、通信干扰及认知电子战多种功能，可适应复杂多变的电磁环境，具备自适应、可编程功能，具备多功能电子战的特点，可实现在各功能之间进行实时切换，使系统面对不断变化的任务需求能够立即做出响应并在各功能之间切换。

“破坏者 SRx”电子战系统为软件可编程系统，采用多功能、开放式体系结构设计，可在复杂、争夺激烈的电子环境中做出响应和调整，并且易于升级，支持更大的灵活性和经济可承受性。其适用于机载、海上和陆基平台，不仅可以实现全谱覆盖，还可以执行各种电子战任务。此外，该系统基于微电子技术，对尺寸、重量和功率要求不高，非常适合安装在无人平台上。

(5)完全自适应威胁对抗技术

完全自适应威胁对抗技术是佐治亚理工学院正在研发的新一代先进射频(Radio Frequency，RF)干扰技术。项目名称是“愤怒的小猫”，是新型机器学习软件和一个专用测试平台，用于评估电子战技术的适应性水平。该系统利用机器学习算法能够不断评估周边环境，针对干扰来袭目标切换最佳干扰方法。该项目目标是搭建一个可以识别任何威胁辐射源，并以最有效的方法实时对抗的平台。数字射频存储干扰机采用一种基于计算机的已知威胁“库”，识别和对消进入的信号。机器学习算法将教会干扰机从过去的经验中学习，当干扰机再次遇到相同类型的目标时，其响应将更加精确、快速和成功。如果上一次干扰没有效果，干扰机会尝试另一种干扰技术，观察目标如何响应干扰信号，并通过反馈回路进行相应的调整。数字射频存储干扰机还具有电子情报能力，可以监视和搜集敌方的信号和干扰机信息。搜集到的电子情报数据最终可能用于改进美国的威胁对抗技术。

5.2.2 认知电子战项目特点

美国从 DARPA 到各军种都安排了相关的“认知电子战”项目，意图通过“认知电子战”重新回到在电磁频谱领域的主宰地位。美军开展的典型认知电子项目主要有五个。表 5-1 中从作战能力和装备运用情况对这五个认知电子战项目进行了对比。

表 5-1 美军认知电子战项目对比

项目名称	机构	主要能力	装备运用情况
行为学习自适应电子战(BLADE)	DARPA	开发一种能够快速检测、实时分析、自适应对抗无线通信威胁的战术级系统,包括信号检测与描述、干扰波形优化和作战效果评估	主要用于通信对抗,在实际装备暂无运用
自适应雷达对抗(ARC)	DARPA	开发对抗新型、未知雷达威胁的能力,对该威胁采取有效自适应对抗,并精确评估对抗效能	AN/ALQ-214A ALQ-218(V)4
反应式电子攻击措施(REAM)	美海军	开发信号探测和分类技术,用于识别敏捷雷达威胁,支持电子支援和电子攻击能力	“下一代干扰机” ALQ-249(V)1
破坏者 SRx	L3 哈里斯公司	能够对复杂电磁环境做出反应和调整,对抗灵活的新射频威胁	适用于机载、海上和陆基平台,以及无人平台
完全自适应威胁对抗技术	佐治亚理工学院	具备电子攻击、电子防护、电子支援、电子情报、通信干扰及认知电子战多种功能	—

可以看出,美军在认知电子战发展方面有以下三个显著特点。

1)在装备上,注重认知电子战作战能力的形成。美军在认知电子战技术研发上十分注重作战能力的落地。自适应雷达对抗(ARC)项目于2012 年启动后历经了三个阶段,2020 年进入工程应用阶段,莱多斯公司正在为美国海军的 F/A-18E/F 的 AN/ALQ-214A 电子战系统开发自适应雷达对抗硬件和软件。2021 年 3 月美国海军完成了首架 EA-18G“咆哮者”Block Ⅱ升级改装,将人工智能和机器学习算法部署到 EA-18G 电子战机上,随着 EA-18G 的升级,自适应雷达对抗(ARC)技术已开始应用在 EA-18G 的 ALQ-218(V)4 射频接收机和作战系统软件中,“响应式电子攻击措施”(REAM)的相关技术也用于“下一代干扰机”(NGJ)中,使 EA-18G 具备了一定的认知电子战能力。

2)在体系上,采用模块化开放式系统架构便于能力升级。由于认知电子战能力主要通过相关机器学习算法实现,再匹配相应硬件的电子战系统就可以通过软件升级实现“认知”能力的不断提升,因此美军新的电子战系统普遍采用模块化开放式系统架构(Modular Open Systems Architecture,MOSA),具备互操作性及新技术的插入和升级能力,未来认知电子战能力的部署主要通过软件升级的方式进行,并且不同电子战系统可以实现信息共享。

3)在研发上,电子战系统大量采用商用现货模式。美国目前在认知电子战领域处于领先地位,对该领域投入了大量人力、物力。各军种实验室与高校研究院所、军工企业进行了广泛合作,其电子战系统大量采用商用现货模式,开展了从理论架构到具体装备多个项目的研发工作。目前,其多数项目尚处于研发、试验验证阶段,已在样机上进行了相关测试。

5.3 认知电子战作战机理

5.3.1 传统电子战系统及其面临的挑战

传统电子战系统在已知或预期的电磁频谱作战域中运行,依赖已知辐射源信号数据库,需要建立一个国家的雷达、通信、导航、电子战及其他发射器的基本特征库。这个电磁频谱作战域的基础库,是通过数千小时综合搜寻每一个已知、未知、新兴和不寻常的发射器信号特征来创建的。候选信号被标记后,工程师和分析人员会进行某种形式的电子战取证,将收集的信号拼凑在一起,以从中了解辐射源正在发生的事情。这是一个劳动密集型的过程,即使是最容易的信号也需要数月才能处理完成。在这个过程中,一个电子战斗序列(Electronic Order of Battle,EOB)被创建为所有已知或怀疑存在于该国境内的威胁雷达。

在电子战过程中,当对方雷达辐射能量时,机载接收机将侦测到的信号与威胁数据库进行比对,如果匹配,系统会选择一个预先设定的策略干扰该信号。因此,目前的机载电子战系统首先必须侦测和识别到威胁辐射源，才能决定采用相应的预编程电子对抗(Electronic Counter Measures, ECM)技术。随着现代雷达从固定式模拟系统发展到具有未知行为和灵活波形的可编程数字化系统，数字可编程雷达和认知雷达技术将会给电子战带来更大的挑战，因为它们能够感知环境，并进行自适应发射和信号处理，可以实现最佳的作战效能，同时能够降低干扰带来的影响。这使得机载电子战系统在对敌防空压制(Suppression of Enemy Air Defence, SEAD)中的作战效能大打折扣。

5.3.2 认知电子战系统工作原理

与传统电子战技术相比，认知电子战系统是一种具有通过先验知识以及自主交互学习来感知并改变周围局部电磁环境能力的智能、动态的闭环系统。认知电子战除了具备自主感知能力以外，还具备近实时的判断—决策—行动、动态学习和经验积累、自适应发射干扰等能力。其认知的过程是一种感知环境(Observe)→适应环境(Orient)→做出决策(Decide)→采取行动(Act)的 OODA 循环。

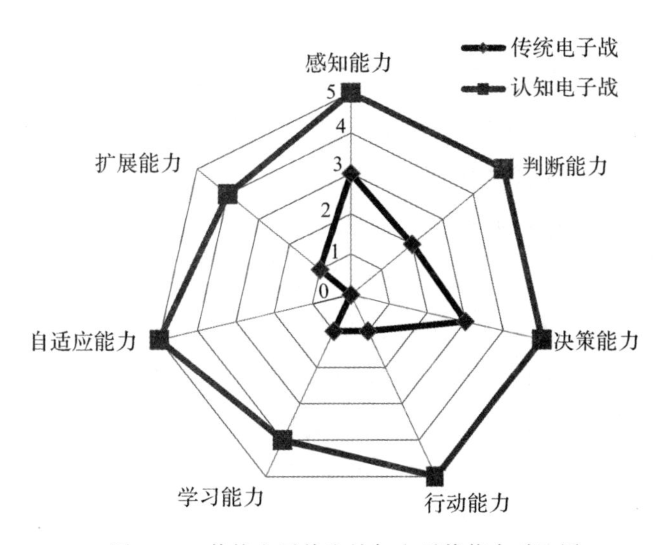

图 5-2 传统电子战和认知电子战能力对比图

要实现这种认知能力，认知电子战系统中就必须包含软件定义可重构侦察干扰设备和认知引擎。该干扰设备是认知电子战系统侦测电磁环境、对抗未知威胁目标的硬件基础,它可以将认知引擎学习推理形成的干扰波形等,通过在线软件定义和重构的方式实现侦察干扰设备的功能和参数调整。可见,认知电子战能力体现在对整个OODA环的认知上。从OODA的感知、判断、决策、行动四个环节和自主、自适应、扩展能力等七个方面对比传统电子战和认知电子战的能力,对各种能力从0~5分为六个级别,如图5-2所示。可见,认知电子战的作战能力将加大超越传统电子战。

5.3.3 认知电子战的制胜机理

相比于传统电子战,认知电子战的制胜机理体现在四个方面:感知和判断的深度融合、决策和行动的高度协同、感知—判断—决策—行动的实时性,以及作战过程的智能化。

1)通过感知和判断的深度融合提升对辐射源的精确识别。从OODA环来看,认知电子战的对抗基础是实现对辐射源的自主感知和判断,通过识别辐射源内部行为特征与外部辐射信号间的映射关系,完成辐射源威胁检测和信号特征描述,进而实现对威胁辐射源的自主感知和判断。这就要求在电子频谱空间实现信号、数据、信息和知识的有效融合:信号和数据的融合体现在对辐射源信号的预处理环节,利用人工智能算法交叉印证数据质量,并挖掘出有用的价值信息;信息和知识的融合则可以直接用于学习、推理和辅助决策。

2)通过决策和行动的高度协同实现对辐射源的精确打击。在OODA环的决策和行动环节,需要动态优化配置干扰资源以便对不同目标做出针对性的响应,即实现认知电子战决策和行动的高度协同。协同决策包括三个层面:在技术层面上主要涉及对抗策略选取、干扰参数设置、干扰波形优化、干扰资源分配等方面的协同;在战术层面上还应包括不同作战系统和平台电子对抗战术运用方面的协同;在装备层面上不仅包括电子战系统,即电子攻击、电子支援、电子防护之间的协同,还包括电子战装备与作战体系中其他系统,如雷达传感器、通信、侦察情报、火力打击系统的协同。

3)通过电子战OODA环的智能化实现对辐射源的实时打击。在整个电子战OODA环中,对威胁目标信号的实时化感知、判断、动态决策和行动也是认知电子战实现自适应闭环的必然要求。实时化包括实时感知、实时判断、实时决策、实时行动和在线评估。在与各类辐射源进行动态博弈的过程中,电子战系统必须具备及时准确地感知敌辐射源内部状态实时变化的能力,并对侦察数据进行实时判断处理,才能引导电子对抗装备敏捷地决策出最优的对抗策略。除此之外,还应对对抗效能进行在线评估,并实时反馈以便优化决策,不断提升认知电子战的作战效能。

4)通过人工智能和机器学习实现对未知辐射源的自适应打击。未来敌方的数字化和可再编程的系统可以采用不同的频率、信号特性和波形规避干扰。各种灵巧、敏捷的数字可编程雷达、自适应雷达和认知雷达将会成为战场态势感知网络中的关键节点,配合防空系统对空中作战飞机构成极大威胁,传统电子战的大功率压制干扰方式已无法满足对抗需求。在对抗中,认知电子战系统必须对快速变化和未知电磁环境展开实时有效的自主感知,以更加智能的方式侦测和识别到威胁辐射源,需要认知电子战系统具备自学习、自适应的能力,从而能够根据目标辐射源的型号类型、信号波形、行为模式等特征自主地决策出最优的对抗策略。因此,未来的认知电子战应以自主学习能力为核心,覆盖智能感知、智能推理和智能决策等三个关键环节。

5.4 认知电子战作战运用模式

5.4.1 “有人+无人”电子战攻击模式

“有人+无人”电子战攻击模式是面向未来“有人+无人”机编队协同作战样式提出的,也是未来“有人+无人”机协同作战的样式之一。该作战模式利用具有认知电子战能力的无人机作为有人机的前置电子攻击平台,深入高威胁环境对敌方防空系统进行电子侦察和攻击,其作战概念如

图 5 - 3 所示。

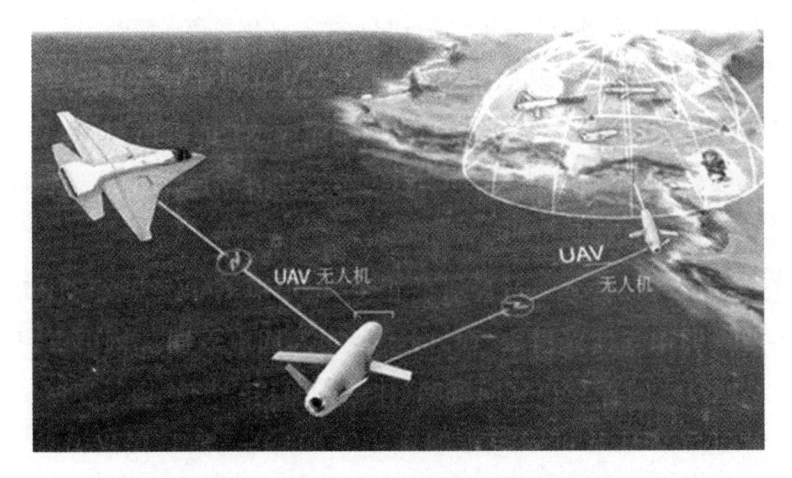

图 5 - 3 "有人+无人"的电子战攻击模式

"有人+无人"电子战攻击模式主要作战过程如下：

1)有人机在防区外，投放小型投掷式无人机和带有动力的电子战载荷，主要执行自适应无源感知、低功率防区内主动干扰和智能诱骗行动。

2)突防到对抗性区域后，无人机上的电子战系统收集敌方防空系统的电磁信号并进行自适应感知和识别，有人机通过学习推理利用软件生成精确对抗波形。

3)同时，利用无人装置上的电子战诱饵、认知干扰机或投掷式载荷来掩盖有人机真实位置。

4)无人机对敌防空系统生成假目标诱发敌方雷达开机，激活其火控雷达从而为反辐射制导武器攻击提供机会和引导信息。

5)有人机利用无人机提供的目标信息和自身侦收的电磁信息，生成对抗波形对目标展开电磁压制和反辐射攻击。

该作战模式下，无人机(UAV)不仅能够提供火力和电子战支持，还能够构造逼真的电磁环境和假目标，增加敌军必须交战的潜在目标数量；还模拟真实平台的射频辐射和雷达回波，包含红外诱饵和模拟部署部队计算机网络活动的概念和能力。

5.4.2　“蜂群＋电子战”攻击模式

“蜂群＋电子战”攻击模式是结合“蜂群”作战概念，利用蜂群无人机展开智能化的电子攻击。电子战蜂群无人机包括情报、监视和侦察（Intelligence，Surveillance and Reconnaissance，ISR）节点、雷达节点和电子攻击节点等。电子战蜂群需要具有以下功能：

1）对环境和潜在威胁进行自主感知和评估。

2）调整己方的干扰、感知和通信以规避探测。

3）自主生成干扰或诱骗波形以对付敌方传感器和通信。

4）同时自主发现、分类并识别目标。

“蜂群＋电子战”攻击模式如图5－4所示。

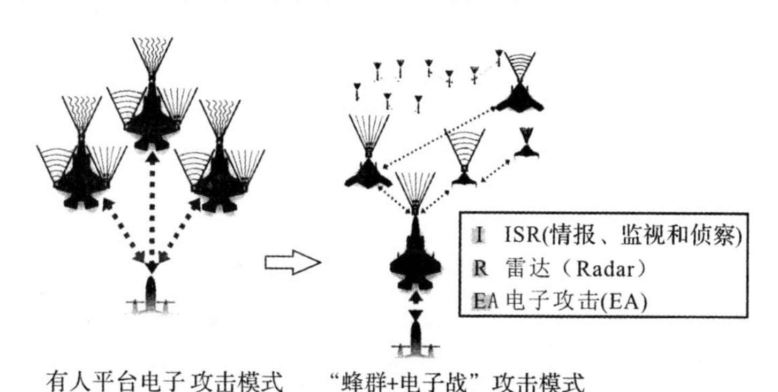

图5－4　两种攻击模式

“蜂群＋电子战”攻击模式主要作战过程如下：

1）电子战蜂群以低空方式突防进入敌方防空系统一定距离后，利用诱饵和干扰机激活敌方防空系统，并利用装有的无源或有源传感器去监视敌方雷达辐射信号；

2）电子战蜂群随后更新目标瞄准信息，并分发给正飞向目标的蜂群打击武器；

3）电子战蜂群对敌方防空系统特征进行全面感知，利用诱饵和主动攻击破损敌方提前消耗部分防空武器去攻击电子战蜂群；

4）位于蜂群前沿的干扰机、诱饵无人机、导弹或弹药提前干扰或破坏敌方防空传感器并消耗其防空力量，帮助后续武器到达目标建立突防通道；

5）同时电子战蜂群融合态势感知信息，并且部分蜂群在突防通道为后续攻击武器提供时敏的机动或浮动目标定位引导；

6）电子战蜂群中的打击节点对进攻进行协同，以确保首先摧毁高优先级的瞄准点，当敌方防御系统造成己方武器失效或者突然出现更高优先级目标时重新分配目标。

5.4.3 “网络＋电子战”的全域攻击模式

“网络＋电子战”的全域攻击模式是利用认知电子能力形成远程杀伤网的多域电子攻击手段。充分利用分布式感知、机器学习和人工智能技术，并与自主飞机的先进作战管理系统（ABMS）协同，实现联合全域指挥控制（Joint All－Domain Command and Control，JADC2），最终达成协同的联合火力与电子战效应融合。在电子战层面，综合信息、赛博和频谱优势，基于网络化协同电子战概念，将不同系统集成，利用无人分布式电子战平台/诱饵的集群实现大规模协同电子战，其作战模式如图 5－5 所示。

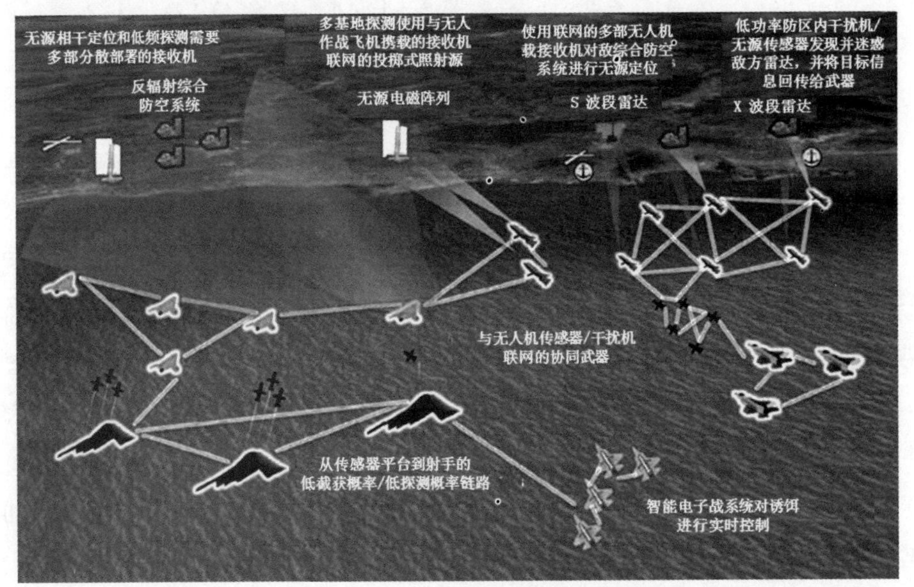

图 5－5　网络化的电子战攻击模式

该作战模式突破传统电子战系统的局限,融合来自空中、海面、潜艇等多域平台的电子战能力,以网络和电子战攻击的多种方式对敌展开攻击,形成全域联合的网络电子战系统,不仅能在指挥与控制环节干扰敌军能力,还能针对战斗空间的敌方传感器实施欺骗,实现大规模网络化、智能化的联合电磁频谱作战。

6 隐身电子战的网电一体——赛博空间作战

赛博空间是随着信息技术、计算机技术和网络技术发展而出现的一个新兴作战领域，是当前各国军方十分重视和大力发展的作战领域，该领域的作战行动对未来作战将产生巨大的影响，甚至起决定性作用。对于信息化战争而言，赛博空间的作战行动将有可能从根源上颠覆信息化战争的模式，改变信息化战争的进程。电子战与赛博战的融合是大势所趋，这既是未来复杂作战环境中联合作战的需求，也受到技术进步、装备发展、战法更新高度融合的强力推动。

6.1 赛博空间作战基本概念

通常讨论的赛博空间作战基本上是围绕互联网或与外界有联系的专用网络进行的，通过射频信道实施的赛博空间作战也仅限于手机网络。而资料报道中屡屡提及的舒特系统则似乎是美军在战场上，通过射频信道对敌方实施赛博空间作战的武器系统。这种赛博空间作战方式更适应于空战场运用。

从 2006 年底美国空军透露将成立空军赛博空间司令部（暂编）到 2017 年 8 月 18 日美国国防部正式启动将美国赛博空间司令部升级为一级战斗司令部的流程，足足经历了十多年时间。这期间，不论是赛博空间建设领域，还是赛博空间作战领域都取得了突飞猛进的发展，而围绕赛博空间、赛博空间作战的某些最基本问题的争论也从未停息。关于赛博空间、赛博空间作战的本质和内涵，很多专家都有自己独特的理解，且相互之间很难达成共识，这与当前所处认知阶段的认识水平和技术阶段的解决能力密切相关。

从资料研究情况看，目前各方对赛博空间作战的认识和理解存在多样化的观点，相互之间存在不少差异，彼此不兼容。

分析认为，产生对赛博空间认识上差异的可能原因主要有三个。一是由于赛博空间是一个太过抽象、虚拟的概念空间，看不见、摸不着，需通过间接手段和方法感知和认识；二是虽然赛博空间是一个抽象、虚拟的概念空间，但又真实存在于电磁域和网络域等真实物理空间中，且对物理域的作战行动具有显著的影响；三是进入赛博空间实施作战行动需要通过有线或无线信道，而这又与网络战、电子战等领域的作战概念和作战行为交叉重合，容易从理解上产生混淆。

6.1.1 赛博空间定义

对赛博空间一词的认识有几种看法。一种看法认为赛博空间（Cyberspace）一词是控制论（cybernetics）和空间（space）两个词的组合，因此赛博空间（Cyberspace）是哲学和计算机领域结合的一个抽象概念，指在计算机以及计算机网络里的虚拟空间；另一种看法认为赛博空间（Cyberspace）一词是 cyber（网电的、计算机的）和 space 组合而成，因此对 Cyberspace 的中文译法很多，如“网络空间”“网电空间”“网电电磁空间”“计算机网电空间”等等。只是在近几年，国内对 Cyberspace 的中文译法基本统一为“赛博空间”。

20 世纪 90 年代，Cyberspace 这一概念被引入学术界，当时对“赛博空间”的定义与互联网的定义基本相同。进入 21 世纪以后，随着网络电磁空间的重要性越来越凸显，美国政府和军方开始在其文件中定义“赛博空间”。

2009 年 4 月，在美国国防大学根据国防部的指示编写出版的《赛博空间能力和国家安全》一书中，对赛博空间的定义做了如下较为全面的阐述：

1）赛博空间是一个可运作的空间领域，虽然是人造的，但不是某一个组织或个人所能控制的，这个空间是全人类的宝贵资源，不仅仅适用于作战，还可用于政治、经济、外交等活动。例如，在赛博空间中虽然没有一枚硬币流动，但每天都有成千上万美元的交易。

2）与陆、海、空、天等物理空间相比，人类依赖电子技术和电磁频谱等手段才能进入赛博空间，才能更好地开发和利用该空间资源，正如人类需要借助车、船、飞机、飞船才能进入陆、海、空、天空间一样。

3）开发赛博空间的目的是创建、存储、修改、交换和利用信息，赛博空间如果没有信息的流通，就好比电网中没有电流，公路网上没有汽车一样，虽然信息的流动是不可见的，但信息交换的效果是明确的。

4）构建赛博空间的物质基础是网电化的、基于信息通信技术的基础设施，包括联网的各种信息系统和信息设备。网电化是赛博空间的基本特征和必要前提。

虽然目前理论界对赛博空间的概念和内涵还存在不同的认识，但在以下两点上看法基本一致：一是赛博空间构成要素是网电化的信息基础设施，二是赛博空间是完成各种信息活动的主要载体。

6.1.2 赛博空间的特征和特点

在信息化战争形态下，掌握战场的制赛博权与19世纪掌握制海权、20世纪掌握制电磁权一样，对作战的进程和胜负具有决定性意义。随着武器装备的信息化程度越来越高，作战协同越来越复杂，作战进程越来越快，作战双方对赛博空间的依赖程度越来越深，赛博空间已成为继陆、海、空、天、电之后的又一维新兴作战领域。

赛博空间作为一种“域”，具有以下特征：

1）由公共部门、私有部门以及政府各方创造、保持、拥有和运行，将信息和数据传输系统、支撑关键基础设施、数据存储/处理/传输设备相互连接起来，为相应软件、硬件、应用程序的利用提供信息基础环境，这种信息基础环境全球存在。

2）随着理论技术、体系结构、作业流程以及知识技能的发展而变化，将产生新的能力和作战结构。

3)受电磁频谱可用性的影响。

4)允许进行高速的作战机动,决策信息在赛博空间中已接近光速的速度移动。

5)实现跨陆、海、空、天各个域的行动,超越了传统意义的组织和地理边界。

6)包括“静态”和“运态”的数据、语音和视频。

7)其他国家、组织、伙伴、私营部门以及敌方都能够不同程度地进入这个域。

从作战角度看,赛博空间域与所有的作战域均有交集,如图 6-1 所示。

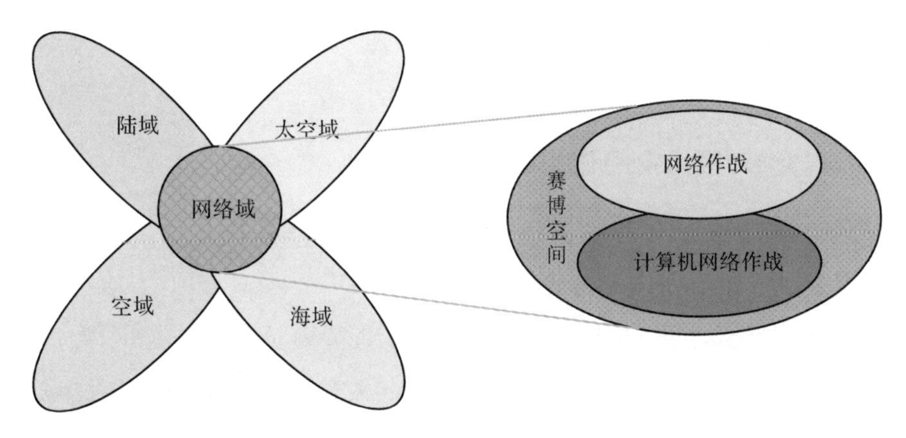

图 6-1 赛博空间域

赛博空间域与陆域、海域、空域、太空域相比,具有以下特点。

(1)技术创新性

赛博空间是唯一能够快速动态配置基础设施和设备操作要求的领域,随着技术的创新而不断发展,从而产生新的能力和作战概念。

(2)不稳定性

赛博空间是不断变化的,某些时敏目标仅在短暂时间内存在,这对进攻和防御作战都是一种挑战。敌方可在毫无预兆的情况下,将先前易受攻击的目标进行替换或采取新的防御措施，这将降低己方赛博空间作战的效果。同时，对己方赛博空间基础设施的调整或改变也可能会暴露或带来新的薄弱环节。

(3)无界性

由于电磁频谱没有地理界限和自然界限，从而赛博空间作战能够在任何地方发生，可以超越通常规定的组织和地理界限，可以跨越陆、海、空、天权领域作战。

(4)高速性

信息在赛博空间内的移动速度接近光速。作战速度是战斗力的一种来源，充分利用这种接近光速的高质量信息移动速度，就会产生倍增的作战效果和速率，赛博空间能够提供快速决策、指导作战和实现预期作战效果的能力。此外，提高制定政策和决策的速度将有可能产生更大的赛博空间作战能力。

6.1.3 对赛博空间作战的认识

较之赛博空间，对于赛博空间作战的认知易于达成共识，相对关系交错的是赛博空间作战与电子战之间的关系。

美国国防部军语词典《JP1-02：国防部军事及相关术语词典（2017年5月修订版）》中给出的赛博空间作战定义非常简单：赛博空间作战指的是对赛博空间能力的运用，其主要作用是在赛博空间内或通过赛博空间来达到作战目标。

从美国国防部军语词典的定义可知，只要满足下述条件之一，即可视为赛博空间作战：

条件一：作战本身以任何方式运用了赛博空间能力。例如，通过僵尸网络发起的分布式拒绝服务攻击。

条件二：不论作战采用什么方式，只要在赛博空间内产生了影响。例如，通过定向能武器系统攻击、电子干扰、无线注入攻击瘫痪敌方网络（如，电网、战场通信网等）的整体或部分。这种方式同时也属于电子战的范畴。

条件三：作战过程中部分或全部目标均通过(经由)赛博空间来达成。例如，通过互联网舆情引导来达到瘫痪经济、抹黑外交，乃至颠覆政府等目标；再例如，通过各类有线、无线网络获取赛博空间情报；此外，通过手机短信、信息推送等方式对敌方实施心理战也可视为是赛博作战行动。这些方式同时也属于网络战的范畴。

依据理论界对赛博空间较为统一的两点认识描述赛博空间作战的要点。一是赛博空间作战攻击的对象是赛博空间的构成要素，即网电化的信息基础设施；二是赛博空间作战的目的是在保障己方各种信息活动安全、可靠的同时，阻止、改变、干扰对手的各种信息活动。

赛博空间作战可划分为四个任务区域，即赛博态势感知、赛博维护与防御、赛博攻击和赛博支援。其中赛博态势感知是核心，也是作战模式从传统领域向赛博领域的拓展。赛博攻击包括计算机攻击和通信网络攻击。赛博维护与防御则是保护己方的赛博空间，确保己方安全可靠地使用赛博空间资源，同时要阻止敌方对己方赛博空间的入侵、破坏和利用。

赛博空间作战主要在以下四个层面展开：

1)信息基础设施，即计算机和通信设施的联网，包括有线、无限通信设施，通信卫星，计算机硬件设备。

2)基础软件系统，包括操作系统、网络协议、域名解析等。

3)应用软件系统，包括金融、电力、交通、行政、军事等各方面的软件系统。

4)信息本身，针对在赛博空间流动的所有信息。

严格意义上，对信息基础设施的攻击应归为广义的赛博空间作战行动，它针对的是赛博空间运行的基础。各个国家和地区在定义赛博空间作战概念时，并没有将信息基础设施完全纳入赛博空间作战的范畴，但是在美俄等国进行的赛博空间作战实践中，对对手信息基础设施的攻击屡见不鲜。在未来的战争中，针对对手信息基础设施的打击一定是第一位的作战目标。

6.2 赛博空间作战与电子战、电磁频谱战、网络战的关系

6.2.1 赛博空间作战与电子战的关系

电子战是在20世纪90年代初中期随无线电和雷达广泛应用于军事行动而诞生的,赛博战则是在近些年随着计算机与互联网的发展而出现的。电子战与赛博战存在一定差异,但两者之间也有交叠。电子战着重于运用电磁频谱对抗雷达、无线电通信以及数据链路,赛博战则专门对付计算机、服务器以及其之间的链接。电子战与赛博战可以互相支持。从某种角度看,通过射频信道实施的赛博空间战可以视为一种网络化的电子战。

不同于有线或无线连接的互联网,病毒、误导信息、心理战信息可以通过从联网的某一终端注入网络,从而对网络上的用户产生影响。在战场上,作战双方的武器装备和指挥体系是相互独立和封闭的,是物理隔绝的,要在赛博空间实施作战行动,则必须要借助于电子战手段,通过射频信道进入对手的赛博域。因此在作战上,赛博空间作战与电子战之间相互之间的联系十分紧密,融为一体。

随着技术的发展和认识的深化,赛博空间与电磁频谱空间的融合力度会进一步加大,赛博空间作战与电子战之间的融合趋势也将愈发明显。这从美国防部提出的“电磁频谱战”、美国陆军提出的“赛博电磁行动”等新概念中,以及美军近期举行的多次演习中均有充分体现。

美国陆军提出的“赛博电磁行动”意在实现赛博-电磁一体化作战。在“赛博电磁行动”理念的指导下,美国陆军采取了一系列措施,通过各类演习、竞赛来提升赛博-电磁一体化作战能力。例如,“赛博闪电战”演习以及“赛博探索”系列演习。“赛博闪电战”演习要求参演部队在战术作战中心解决赛博电磁行动的交互,演习检验了主要指挥所的物理构造以及各军事作战专业之间的交互。“赛博探索”演习则主要演练在竞争激烈、拥挤的敌对作战环境中实施作战行动时,保持通信和信息链路的能力,即

多域体系结构下保持不间断地接入关键通信与信息链路(包括卫星通信、定位导航与授时、情报监视与侦察等链路)的能力。

电子战是在频谱域实施的作战行动,赛博空间作战可视为是在认知域实施的作战行动,赛博空间作战可通过有线网络或无线网络侵入敌方的赛博空间。电子战的主要目的是阻止敌方有效使用电磁频谱,赛博空间作战的主要目的则是利用、侵入敌方的电磁频谱注入恶意信息,使敌方错误使用电磁频谱上传递的信息,从而做出错误的决策。在作战场景下,多数侵入是通过无线信道进入的,因此赛博空间侵入要借助电子战手段和方法,赛博空间作战在电磁频谱域的进入方式上与电子战有相同之处。在实际作战行动中,赛博空间作战和电子战作战以一种整体、同步、综合的方式进行,两个域是耦合的。

2007年,曾有报道称,美国中央司令部的一份文件承认电子战和赛博行动之间可能存在交叉。该文件指出,“赛博空间行动可能被用来迫使对手从有线网络转到易受攻击的无线网络。电子战可以通过刺激联网的传感器、拒止无线网络或其他相关行动,为赛博空间行动创造有利条件。在防御环境中,电子战系统可以检测并击败无线接入点的攻击。”

赛博空间作为全新的作战域,在作战实施中离不开电子战手段方法的支持。从作战角度看,赛博空间作战与电子战之间的关系是彼此交织、互为补充、相辅相成、难以分割的。赛博空间作战和电子攻击具有相同的物理基础,在作战效能上会自然而然地融为一体。

传统上,电子战可视作是时域、频域、空域、能域的博弈,而若从整个电子信息领域角度来看,应该是时域、频域、空域、能域、码域等五个域内的一种全维度博弈。因此,从技术与理论层面来讲,电子战与赛博空间作战的融合实际上是“完备博弈维度”的需求。

6.2.2 赛博空间作战与电磁频谱战的关系

电磁频谱战是指使用电磁辐射能以控制电磁作战环境,保护己方人员、设施、设备或攻击敌方在电磁频谱域有效完成任务的军事行动,其主要包括电磁频谱攻击、电磁频谱利用和电磁频谱防护。“电磁频谱战”与现有的“电子战”概念相比,范围及内涵得到进一步拓展,在原有压制、欺骗等电子战作战方式的基础上,进一步拓展出“注入”“接管”等赛博空间作战方式。

电磁频谱战是电子对抗的自然延续和发展,是指发生在电磁空间并依赖电磁空间能力的对抗行动,其核心能力包括电磁空间侦察能力、电磁空间进攻能力、电磁空间防御能力和电磁战斗管理能力。电磁频谱战将传统电子对抗的概念进一步向电子战+电磁频谱控制,甚至整个电磁频谱领域(包括电子战、通信、传感器)的斗争拓展。

在美国陆军训练与条令司令部(TRADOC)发布的《TP 525-8-6 美国陆军赛博空间与电子战作战概念 2025—2040》手册中,对赛博空间域和电磁频谱域进行了描述。

(1)赛博空间域

易进入的、竞争的赛博空间域加剧了未来战争的不确定性。更多的敌方将获得赛博空间能力,这使得他们可以跨多个域同时作战。相反,这也为己方利用敌方对赛博空间的依赖增加增强作战效果的机会。

敌方的国家和非国家主体将运用先进技术破坏己方在通信、远程精确火力打击和监视方面的优势。敌方将在地理作战区域以外进行操作,渗透进入己方的作战系统。在许多情况下,敌方将利用赛博空间在多个作战区域同时攻击己方部队,包括己方的本土和基地。

移动技术的流行将显著增加可快速访问和共享信息的人数。在信息环境下,敌方进行极其复杂的影响行动并将赛博空间用作力量倍增器。赛博空间还为敌方提供了经济有效的招募、宣传、训练、指挥和控制手段。

战场上自主设备(包括无人机系统)的增加使安全面临挑战。决策算法可能被强行控制,人工智能可能被破坏,从而使己方部队和技术面临危险。由于自主系统的激增,需要故障安全技术和软件以保持己方的有效控制。

(2)电磁频谱域

现代战争依赖电磁频谱的使用,因此电磁频谱是未来作战环境的主要特征。由于作战对电磁频谱的依赖不断增加，敌方也不断加强对这一弱点的利用。在不断变化、日益复杂的作战环境中，当前和未来敌方感知和观察电磁频谱中电磁特征信号的能力不断扩展。敌方对电磁频谱的依赖也与日俱增，这对作战部队既是威胁也是机会。

由于商业用户、敌方、己方部队都在竞争可用带宽，电磁频谱正变得越来越拥挤，竞争也越来越激烈。物理、技术、管理政策和对带宽的需求都导致了电磁频谱的拥挤，并减少了电磁频谱对军事用途的可用性。敌方的电子战能力也有可能严重影响电磁频谱的作战使用。

先进的材料特性和交换架构提高了电磁频谱行动的速度和容量，实现了低功率、近乎同时的传输和同频带干扰。这些发展，加上软件定义算法、宽带跳频以及认知无线电，已经超越了当前建模、分配和管理电磁频谱活动的实践。诸如专用集成电路、可编程逻辑器件、数字射频存储器、共享孔径电子攻击等技术，增加了用户通过电磁频谱发起攻击的方式。技术进步扩展了对电磁频谱的使用，也使得可用带宽饱和并限制了电磁频谱内的自由机动。

不管是在归属基地还是已部署，对电磁频谱的威胁都影响着作战部队。旗鼓相当和近乎旗鼓相当的敌方威胁是最严重的、最难以描述的。然而，电磁频谱攻击并不都是敌方引起的。内部威胁和频谱误伤在拒止己方使用电磁频谱上同样有效，有时甚至对作战的损害更大。

从以上对赛博空间域和电磁频谱域的认识可知，对于作战而言，战场上的赛博空间与频谱空间是交融的。频谱管理的目的是使己方有效使用电磁频谱，电子战的目的是为阻止敌方有效使用电磁频谱，而赛博空间作战则是改变、阻断敌方电磁频谱的信息，使敌方获得错误或延迟的信息，或利用敌方的电磁频谱注入干扰、欺骗和破坏信息。

因此可以认为，电磁频谱战的概念涵盖了原有的电子战概念，在电子战概念原有的防御性和进攻性电子战内容的基础上，进一步增加了射频管控、频谱管控等内容。对于隐身飞机作战而言，将射频管控纳入电子战系统统一规划，则将大幅提升隐身飞机的信息作战效能，将作战飞机原有的电子战能力提升至了电磁频谱战的高度。

6.2.3 赛博空间作战与网络战的关系

从前述赛博空间的发展历程和定义知，在初始阶段，认为赛博空间即为网络空间。随着技术和认知的发展，这一认识有所拓展，赛博空间包含网络空间，但不仅是网络空间。赛博空间的范畴要大于网络空间，网络空间是赛博空间的一个重要子域。从作战角度看，实施赛博空间作战行动主要是在网络空间中进行的，因此在认识上将两者视为一体并不影响对赛博空间作战的理解和认识。

网络空间是由许多不同的且经常互相重叠的网络及这些网络上的节点（任何具有互联网协议地址或其他类似标识符的设备或逻辑位置）和支持它们的系统数据（例如，路由表）构成的。网络空间可以分为三个层次，即物理网络层、逻辑网络层以及网络行为体层，其中每个层次都可以进行网络空间作战，如图 6－2 所示。

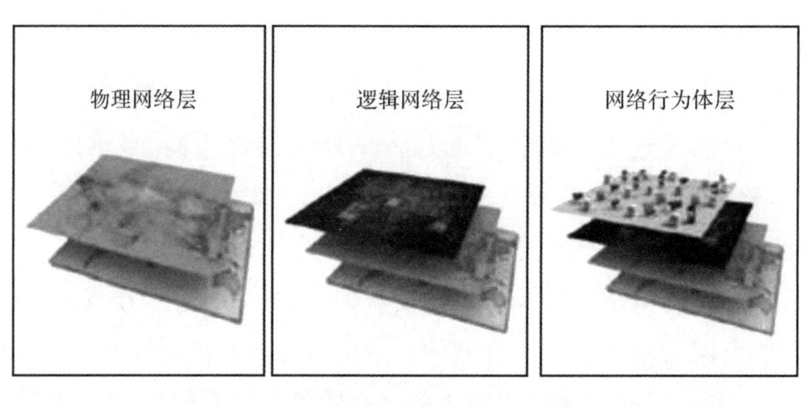

图 6－2　网络空间作战的三个层次

网络空间作战则是指在网络空间进行的军事活动、情报活动和日常业务运营。网络战可以视为是赛博空间作战域的一个子域，是赛博空间作战域的重要组成部分。赛博空间作战行动通过进入网络物理层，影响网络逻辑层，从而改变网络行为体层。

网络战的目的是保证己方有效使用网络传递信息，同时阻止敌方有效使用网络传递信息或错误使用网络上交互的恶意注入信息。对于有线或无线互联网而言，由于协议、数据格式等参数是公开的，因此可以利用有线或无线信道窃取、更改用户信息，或向用户终端植入木马、病毒等恶意程序或数据，致使用户做出错误的选择或决策。但对于战场上的装备而言，无线射频信道注入恶意程序或数据是唯一的通道，加之对手装备的信息交互协议、数据格式等参数均为未知(需要通过长时间侦察或间谍窃取方可获知)，作战使用的难度可想而知。战场上实施网络战，在注入信息的信道和方式上，采用的是电子战手段，在进入信道上，网络战与赛博空间作战存在交集。赛博空间作战通过电子战手段侵入敌方赛博空间，对敌方作战网络实施网络战。

从作战行动层面看，赛博空间作战、电子战、电磁频谱战和网络战均是在信息领域实施的作战行动，其目的均是为了使己方有效获得和使用信息，同时阻止敌方有效获得和使用信息，进一步使敌方获取错误信息或恶意注入信息。

从电子战发展为电磁频谱战大幅拓展了电子战的应用范围，电磁频谱战将电子战的能力从电子防御和电子进攻提升至面向战场的全面管控，更有效、更精准地达成对电磁频谱的掌控效果。在隐身空战成为未来空战主流的情况下，更应从电磁频谱战角度研究电子作战装备的发展和作战行动的实施。

从网络战发展为赛博空间作战大幅拓展了网络空间的侵入手段，赛博空间作战充分利用电子战侵入敌方电磁频谱的手段，将网络战在已知网络协议和数据格式条件下的恶意程序、数据植入方式提升为在未知网络协议和数据格式条件下的恶意程序、数据、代码的射频注入方式。赛博空间作战利用电子战手段进入敌方网络空间或装备信息处理层面，在敌方的网络空间或装备应用处理层面作为，其作用的外延远大于网络战涵盖的范围。

从电子战、电磁频谱战发展为赛博空间作战大幅拓展了信息作战的范畴，从压制、阻塞、欺骗敌方的电磁频谱发展为利用敌方的电磁频谱，从不让敌方利用电磁频谱获得有效、正确的信息,发展为利用敌方的电磁频谱,注入己方的恶意程序、数据、代码,使敌方为我所用,按己方的意图实施作战行动。如通过电子战手段无法进入敌方的赛博空间,则退而采用电子战方式降低敌方信息作战能力。电子战保底,赛博空间作战提升效果。

科技的飞速发展要求赛博空间作战能力与电磁频谱能力、电子战能力相互关联、相互依赖,以最大化地挖掘三者之间的潜能。赛博空间作战依赖于电磁频谱,赛博空间进攻型作战采用方式与电子战方式十分近似,赛博空间作战与电子战在未来会越来越多地形成一体化的联合解决方案。

对赛博空间作战与电子战、电磁频谱战、网络战之间关系的认识如图6-3所示。

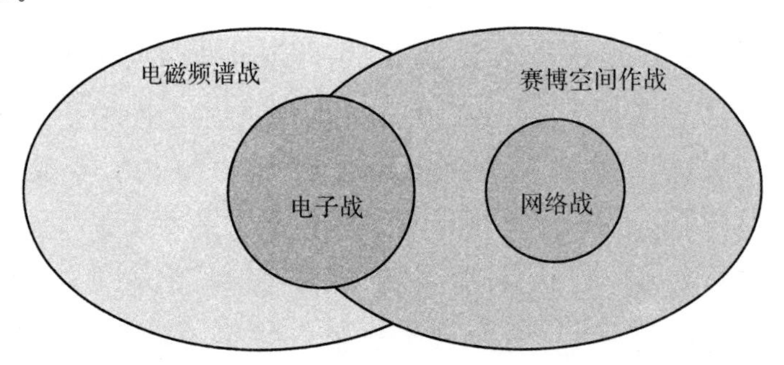

图6-3 网络空间作战的三个层次

6.3 赛博空间作战发展情况

6.3.1 美军赛博空间相关作战概念

对于赛博空间作战研究最深入、探索最多、实践最多的非美国所属。为在赛博空间博弈中占据优势地位,美国在世界上率先采取了一系列措施,颁布了相关的安全战略、创建了相应的指挥机构、成立了赛博空间特种作战部队、加速研发赛博空间攻防武器、开展多种多样式的赛博空间对抗演习。

(1)赛博空间与电子战作战概念

美国陆军训练与条令司令部(TRADOC)发布的《TP 525-8-6 美国陆军赛博空间与电子战作战概念 2025—2040》手册中,详细阐述了联合部队与美国陆军的赛博空间作战理念,依托联合部队与美国陆军的军事演习、网络集成评估、作战评估、作战试验等研究获取数据和经验。最终目标是美国陆军部队拥有全面的赛博空间与电子战能力,建立专门的机构组织开展有效的赛博空间作战,并将其作为联合兵种战略的一部分支持军兵种联合作战。赛博空间与电子战作战为指挥官提供了跨多个域(物理域和虚拟域)处理和管理作战相关活动的能力,提供了跨多域联合机动能力,提供了各种有助于提高机动部队联合作战战斗力的物理和虚拟能力,以及动能和非动能能力。

(2)赛博电磁行动

赛博电磁行动概念是美国陆军近几年提出的,其核心思想是实现赛博-电磁一体化作战。为此,美国陆军采取了一系列措施,最为典型的就是通过各类演习、竞赛来提升赛博-电磁一体化作战能力,例如“赛博闪电战”演习以及“赛博探索”系列演习。

(3)电磁频谱战

为全面夺取战场电磁频谱控制权,美军提出了“电磁频谱战”作战概念,即使用电磁辐射能以控制电磁作战环境,保护己方人员、设施、设备或攻击敌方在电磁频谱域有效完成任务的军事行动。其主要包括电磁频谱攻击、电磁频谱利用和电磁频谱防护。

“电磁频谱战”作战概念与现有“电子战”概念相比范围及内涵得到进一步升华,主要体现在以下三个方面:电磁频谱战将对电磁频谱的定位从一种“媒介”上升为一个“作战域”,电磁频谱战将电子战的地位从“保障式、反应式”提升为“决定式、主动式”,电磁频谱战包含电子战并将内容全面扩充。

电磁频谱空间作为战场信息获取、传输的重要载体或通道,将电磁频谱空间内的所有活动统一管控会更有利于信息优势的夺控。从美军“电磁频谱战”作战概念的发展趋势来看,美军下一步将准备采取“隐身”与“低功率网络”电磁频谱战运用模式来保证其在未来战场上获得全面、持续的电磁优势。

(4)赛博闪电战

赛博闪电战是美国陆军提出的赛博空间作战概念,其核心观点是不要空泛地看待赛博和电子战,而是将其作为传统的、看得见的作战单元。美国陆军试图通过赛博闪电战解决战术作战中心中的网络与电子战交互问题。赛博闪电战概念不仅有助于美国陆军改进战术作战中心支持前方旅的相关活动,同时也将有助于美国陆军做出更好的投资决策,美国陆军还将赛博闪电战概念应用到了“美国陆军网络探索”演习中。

赛博闪电战检验主指挥所的物理结构,以及军事行动各专业之间的交互问题。战术作战中心主要运行作战、情报和火力支援信息,战术作战中心与那些连接通信、网络保护、电子对抗和频谱分析等新型节点是物理隔离的,一位美国陆军官员这样解释。士兵们正试图通过一系列模拟想定解决这些利益攸关问题。

赛博闪电战的出现将不仅有助于美国陆军改进战术作战中心支持前方部队的相关活动,同时也将有助于美国陆军做出更好的投资决策。

(5)多域战

“多域战”概念近期成为美军研究和探讨的一个热点,该作战概念已被正式纳入美国陆军顶层作战条令。“多域战”概念将在前沿技术发展的支撑下,牵引美军向更高层次的“跨域联合”作战形态发展。在“多域战”概念中,军兵种编制和作战域正式拓展至赛博空间域。

“多域战”概念可以理解为更高层次的联合作战,这种联合不局限于传统的军兵种编制序列域,还将拓展至物理域、时间域、地理域和认知域。“多域战”概念的核心,是打破军兵种编制、传统作战领域之间的界限,最大限度利用空中、海洋、陆地、太空、网络、电磁频谱等领域的联合作战能力,以实现同步跨域协同、跨域火力和全域机动,夺取物理域、认知域以及时间域方面的优势。

“多域战”作战概念中的联合将现有各军兵种力量在各自优势空间域的联合一体化运用，拓展至各军兵种力量在陆、海、空、天、电“五维”空间的融合一体化运用。多域融合示意图如图6-4所示。

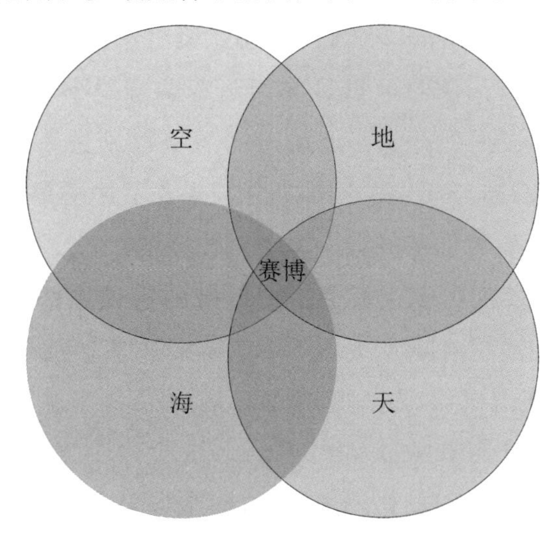

图6-4 多域融合示意

“多域战”概念旨在推动美陆军由传统陆地战场向海洋、空中、太空、网络空间、电磁频谱等其他作战域拓展，更好地支持联合作战部队在“反介入/区域拒止”作战环境中的军事行动。“多域战”的初步目标是实现美国陆军作战能力提升，最终目标是全面联合美军各军兵种，充分拓展美国陆军在联合作战中的生存空间，实现全作战空间域内火力和机动能力的同步协调与联动。

“多域战”的实施在细节上还存在诸多障碍，所以必须做到创新思路先行，在训练和演习中将创新想法与现实结合起来，在实战演练中发现更多的问题。为此，美军成立了“多域特遣部队”主责“多域战”的演习，对“多域战”思路进行深化认识。

6.3.2 美军赛博空间作战演练

赛博空间作战与传统的陆、海、空、天作战域不尽相同，其作战范围更加宽泛、作战形式更加多样，作战装备更具虚拟化。为了提高赛博空间的实战能力，国外军事强国纷纷建设网络靶场并组织多国、多部门、多情景的赛博演习。

(1)“赛博闪电战”演习

2016 年 4 月，美国陆军第 25 机步师和第 7 信号指挥赛博防护旅举行了“赛博闪电战”演习，演习地点是美国陆军装备司令部通信-电子研究、开发与工程中心。演习的重点是在逼真的训练场景下测试新型作战概念。“赛博闪电战”演习要求参演部队在战术作战中心解决赛博电磁行动的交互，这是在大多数训练场景中是不会出现的。

“赛博闪电战”演习检验了主要指挥所的物理构造以及各军事作战专业之间的交互。美国陆军表示，一直以来战术作战中心的职能仅限于作战、情报与火力支援，其与通信、网络防护、电子战和频谱分析等新职能是隔绝的。但在此次演习中，士兵们通过一系列仿真场景将通信、网络防护、电子战和频谱分析等纳入战术作战中心的职能进行了演练。

“赛博闪电战”演习所取得的成果将不仅有助于美国陆军制定战术作战中心如何支援前方作战旅的相关条令，还将有助于美国陆军做出更好的投资决策。

(2)“赛博探索 2016”演习

美国陆军一直致力于将电子战和赛博行动和集成到军事行动全过程中，并在 2016 年 8 月举行的“赛博探索 2016”演习中将其中一些电子战理念付诸实践。

“赛博探索”演习是为了应对实施太空与赛博电磁作战并保持通信能力所面临的挑战而实施的。即在竞争激烈、拥挤的敌对作战环境中实施作战时，如何确保多域体系结构下不间断地接入关键通信与信息链路(包括卫星通信、定位导航与授时、情报监视与侦察等链路)。

据报道，美国陆军在“赛博探索 2016”演习中，重点演练了赛博-电磁一体战理念，即，将赛博作战、电子战有机集成到整个军事作战行动中。演习重点关注如何提升指挥官对赛博空间作战、电子战的态势理解能力，以及如何将赛博空间作战、电子战态势融合为一张完整的作战视图，也就是将来自赛博空间、电磁频谱、敌方、己方、第三方等的诸多态势实时融合在一起，供指挥官决策参考。

(3)“西方 2019”先进海军技术演习

“西方 2019”先进海军技术演习的重点在于测试赛博空间作战概念，通过测试看什么是有效的，什么是可能的。该演习对赛博空间作战的技术进行实战内测试，包括通信、传感器、对抗措施、指挥控制、打击、非动力学火力、情报、监视与侦察、瞄准系统等。赛博空间作战的概念很复杂，本质上是多重、多域的，需要水下、水面、空中和信息领域的合作。面对复杂的作战场景，如何做出决定，以何种速度做出明智的决定，将是优势所在。

通过各种协议和授权，美国国防承包商和其他商业或私人科技公司(无论大小)得以进入海军试验场、设施和仿真中心。他们的技术系统和概念在先进海军技术演习中经历了实战场景(一些通过模拟和建模完成，另一些通过现场实现)，并由美国海军人员和陆战队员提供输入、反馈和评估。

通过先进海军技术演习，高层官员决策哪些技术在舰队/野外演习中进一步检验，或者快速原型化以开展部署或采购。工程师与作战人员一起，讨论他们的设计，说明在演习中哪些有效，哪些无效。

(4)“赛博风暴”演习

“赛博风暴”演习是由美国国土安全部组织的两年一度的全国性的赛博演习，目标是加强公共和私营部门的赛博防范能力。首届“赛博风暴”演习开始于 2006 年，2006—2016 年 10 年间，美军先后举行大规模“赛博风暴”演习或者赛博太空战演习共 7 次。

在 2018 年 4 月 10 日举行的“赛博风暴Ⅵ”演习，重点演练了关键制造业和运输业关键基础设施遭受攻击后的应急处置方案，主要目标是通过演练相关政策、流程和程序，加强美国在应对影响范围波及多个行业、关键基础设施遭受赛博攻击时的赛博安全战备和应急处置能力。

(5)“赛博卫士”演习

“赛博卫士”演习是由美国赛博司令部、美国国土安全部和美国联邦调查局联合举办的一年一度的赛博演习，主要演练针对美国关键基础设施的破坏性赛博攻击的全国一体化响应。“赛博卫士”2017 年设定的场景就是在全国范围内，赛博攻击造成的系统中断会破坏水电大坝、航运港口和电网，与此同时，金融、政府等办公机构全部被入侵。

(6)“赛博旗帜”演习

“赛博旗帜”演习是由美国网络司令部举办的一年一度的联合赛博空间训练演习，主要参演人员为美国的赛博空间部队，首次赛博旗帜演习开始于 2011 年。“赛博旗帜”演习的目的不是为了决出胜负，而是为了使每支队伍都从演练中获得最大收益。

2019 年 6 月 21 日至 28 日，美军举行了“赛博旗帜 19 - 1”演习，来自国防部、其他联邦机构和伙伴国的 650 多名赛博专业人士参与了此次演习。“赛博旗帜 19 - 1”的首要任务是合作，美国、英国、澳大利亚、新西兰和加拿大均参与了此次演习，盟友和合作伙伴是美国在作战方面的一个关键战略优势。当投入战斗时，美国得到了其他国家的支持、能力和承诺。在“赛博旗帜 19 - 1”演习中，包括多国或多机构团队在内的 20 个小组各自开展了工作，以阻止针对工业控制系统(ICS)/监控和数据采集(SCADA)网络的恶意攻击和入侵，该网络是专为该演习组建的，目的是模拟美军可能使用的端口设施。

(7)“赛博盾牌”演习

“赛博盾牌”演习是美国陆军国民警卫队组织的一年一度的以防御为重点的赛博演习。演习始于 2012 年，最初只有来自 8 个州的 75 个参与者参加。几年来，该演习的规模迅速扩大，参与度也越来越高，已经发展成为一项全国性的赛博演习。在“赛博盾牌 - 2018”演习中共有 800 多人参加，该演习围绕两个阶段进行。第一周为准备阶段，为参与者提供机会向美国军方、政府机构和私营部门学习重要的赛博安全技能。第二周为“演习周”，在其中融入了基于场景的赛博角色扮演。

在“赛博盾牌”演习中共包括 4 支重要的小组，即红队、蓝队、金队和白队。红队成员充当的是敌对黑客，其主要作用是挑战并激发蓝队赛博战士的极限。红队会在目标赛博中移动，利用赛博中的漏洞，窃取数据并试图搞破坏。蓝队成员充当的赛博防御行动人员，面对红队成员的攻击，蓝队成员会努力保护基础设施，抵御红队的攻击威胁。金队负责训练并指导蓝队，白队成员负责评估蓝队的表现。

(8)“锁盾”系列演习

“锁盾”系列演习是北约年度例行性赛博安全演习，由北约赛博防御卓越合作中心举办，首届演习于 2010 年启动。

“锁盾-2019”演习设定的场景是地处大西洋寒冷水域的岛国“别里利亚”在国内大选期间遭到敌对国家大规模、系统性的“赛博入侵”，该国电力供应及电网控制系统、净水工厂、4G 通信网络、海事预警系统等关键基础设施遭到赛博攻击。在此背景下，演习队伍分成蓝、红、白、绿、黄五支队伍。蓝队任务是在压力下迅速发现并修补网络及系统漏洞，有效遏止密集、不间断的赛博攻击，恢复并维护基础设施的正常运转；红队是赛博攻击的发起一方；白队负责演习组织工作；绿队负责演习设备操作和调试；黄队负责整理、分析演习信息。

6.3.3 俄罗斯赛博空间作战发展情况

随着新军事变革的深化，俄罗斯对国家赛博安全的重视程度日益提高，信息网络安全被纳入国家安全战略，将赛博空间作战提升到新的高度，称为未来的“第六代战争”。俄军在赛博空间的作战行动主要有以下几个案例：

(1)俄格冲突对格鲁吉亚政府网络的攻击

2008 年，俄格冲突期间，格鲁吉亚政府网络遭受“蜂群”式网络拒绝服务攻击，造成长时间的网络瘫痪，开创了国家间网络攻防的先河。

(2)对乌克兰的网络攻击

据乌克兰武装部队联合参谋部伊万·帕夫连科上校在 2019 年 10 月

29 日在美国华盛顿召开的“老乌鸦”协会第 56 届国际研讨会上透露，2015 年，俄罗斯使用无线电转发器激活了俄罗斯以前向乌克兰交付的通信设备中植入的病毒。此外，俄罗斯经常对乌克兰军人的智能手机进行攻击。2015 年至 2017 年之间，由于俄罗斯对 GPS 信号实施欺骗，乌克兰方面损失了约 100 架无人机。俄罗斯还对欧安组织操作的无人机进行了压制。

（3）利用手机信号定位乌克兰炮兵阵地

在俄乌冲突中，俄军利用一款手机应用程序，定位了乌军的炮兵阵地，并予以摧毁。这款手机应用程序称为 Попр – Д30. apk（即“定位 D30”），是一款安卓版应用程序。该应用程序使用基本算法来模拟高级野战炮兵战术数据系统（“阿法兹”系统），可将乌克兰 D – 30 122 mm 榴弹炮的瞄准时间从数分钟减少到 15 s 以下，大约 9000 名炮兵使用这一应用程序。

俄罗斯黑客“奇幻熊”开发了一种名为“X – Agent”的黑客后门程序来启动该应用程序。X – Agent 允许情报分析人员通过读取应用程序和手机发送的信息，来识别分析部队内部的指挥链、部队的编成部署以及后续行动。此外，X – Agent 可以允许“奇幻熊”概略定位 D – 30 火炮的所在位置。结果，俄罗斯利用空袭摧毁了乌克兰近百分之八十的 D – 30 炮阵地。另外，黑客组织可以通过 X – Agent 等工具从被攻击的手机中收集手机号码。在特定情况下，直接向乌克兰士兵的手机发送短信，煽动他们叛变。

（4）断网演练

面对美国强大的赛博空间作战能力，俄罗斯进行了断网测试，以提升在战争状态下俄罗斯应对赛博攻击的能力。2014 年俄罗斯进行了首次断网演练，2019 年 4 月再次进行短期脱离全球互联网的测试。2018 年 3 月，俄罗斯总统普京的 IT 高级顾问公开表示，俄罗斯强大的内部网络将会在战时确保军方和政府正常运转。

6.3.4　其他国家赛博空间作战发展情况

由于赛博空间作战的重要性，各国陆续出台了相应的国家层面的战略，建立了相应的机构，组建了赛博作战部队。

2009年6月，英国政府发布了首版国家赛博安全战略，成立了赛博安全办公室和赛比安全行动中心。2010年10月，英国政府发布了新的《英国国家安全战略》，将赛博攻击列为对英国国家安全威胁最大的4种风险之一，为第一梯次风险。

2008年6月，法国发布《法国国防与国家安全战略》，明确将赛博攻击作为国家面临的主要威胁之一。法国为加强赛博空间作战能力，成立了新的信息系统安全局，专门负责预防和应对赛博攻击。

2011年2月，德国颁布《德国赛博安全战略》，组建了赛博空间作战部队。

2010年5月，日本制定了《保护国民安全的信息战略》，提出了强化政策以应对可能发生的赛博攻击，建立适应新环境变化的信息安全政策，制定更为积极的信息安全政策等措施，组建了一支主要由计算机专家组成的赛博部队。日本在赛博空间领域的核心理念也是“自卫权”，即将赛博空间视作一个与陆海空天相类似的域，而日本则有权在该域内实施自卫。其相关政策、机构、技术、系统的调整、开发等也均基于这一理念。在赛博侦察方面，日本政府强调成立专门的机构来监视基于互联网的通信。2012年，日本防卫省表示，为阻止黑客攻击，强化自卫队防护能力，其制定一个新准则，明确规定赛博空间属于自卫队应保护的一个“域”，与陆海空天同一概念，一旦能够实现精确、可信的溯源，赛博防卫队即可通过分布式拒绝服务(DDoS)攻击等方法来进行反击。

2011年8月，韩国公布了《国家赛博安全综合计划》，明确了国家层面的赛博威胁应对机制和相关部门的职能。

从近期的几个实战案列看，伊朗具有很强的赛博空间作战能力，实力不容小觑。伊朗曾诱捕多架美国无人机。伊朗伊斯兰革命卫队空军指挥官哈吉扎德曾表示,伊朗曾经成功渗透美国军方指挥中心系统,控制美方的数架无人机。伊朗伊斯兰革命卫队公布了数段视频资料佐证哈吉扎德的说法。哈吉扎德表示,伊朗军方曾控制 7～8 架正在叙利亚和伊拉克执行任务的无人机。哈吉扎德说,伊朗军方已经通过此次行动获取了美军第一手情报信息。伊朗伊斯兰革命卫队公布的视频资料显示,一架美军无人机在执行任务时失去控制坠落到地面,随后,美方派出一架战机摧毁了这架失去控制的无人机。据伊朗伊斯兰革命卫队介绍,视频资料是由伊方控制的美方无人机以及伊朗军方无人机拍摄的。

从资料分析看,世界上其他国家赛博空间作战能力的建设主要还是聚焦于互联网,并且主要以防御为主。真正用于战场上、通过射频信道实施的赛博空间作战能力建设,似乎只有美军在积极探索和实践。

6.3.5 赛博空间作战发展趋势

通信系统、雷达系统、卫星导航系统以及指挥控制系统等,作为军事信息系统的重要组成部分,在信息化战争中面临着越来越严重的安全威胁。随着技术的进步和认识的深化,赛博空间作战的发展趋势呈现以下特点。

(1)主体国家化趋势

赛博空间对抗主体呈现国家化趋势,体现在制定国家网络空间安全战略、构建国家网络空间对抗力量、推动网络空间漏洞的国家储备、建立国家各级网络应急机制、研发网络攻击武器等方面。

(2)电子战、网络战、赛博战逐渐融合

随着信息技术的发展和人们对信息作战认知层次的不断深入,以雷达对抗、通信对抗、导航对抗等为典型代表的传统电磁空间作战与网络空间作战之间的技术界限越来越模糊,从目前的发展趋势看,被集成在赛博空间作战概念下统一探讨的趋势越来越显著。

(3)赛博空间对抗手段呈现武器化趋势

发达国家依托自身信息技术优势,积极发展赛博空间武器,智能技术的发展对赛博空间武器的发展起到了助推作用。

(4)地理因素对战争的影响不断减弱

在传统战争中,地理是一个至关重要的影响因素,有时甚至能够决定战争的成败。在赛博空间战中,地理因素的影响效果相对弱化。同时,由于赛博空间消除了地理距离上的差异,传统作战中前方和后方的概念在赛博空间战中也已淡化,任何一个地方都可能成为赛博空间战的攻击目标。

(5)区分平时与战时难

不同于传统战争,赛博空间攻击行为可以即时生效。因此,赛博空间战攻击可能发生在任何时间。同时,相比物理空间中战争的旷日持久,赛博空间中的战争持续时间往往非常短暂,战争可能在瞬间爆发,又在瞬间结束,故而很难区分平时与战时状态。

(6)攻击与防御成本常常不对等

传统战争中,主动攻击方通常需要投入较多的力量,战争成本较高;而防御方可以利用种种优势以逸待劳,战争投入较低。但在赛博空间战场中,情况正好相反。赛博空间攻击武器的造价低廉,发起攻击的成本很低;同时,攻击方常常匿名,且拥有主动退出战争的自由;而防御方不管如何努力,其构筑的赛博空间防御体系(包括计算机软硬件、组织、个人和制度等)却永远存在未知的漏洞。一旦为敌方所利用,精心构筑的防御就会一触即溃。因此,赛博空间战通常都是易攻难守,重攻击而轻防御便成了当前赛博空间战中的普遍现象。

(7)军事与非军事的界限逐渐模糊

赛博空间战缩小甚至抹平了以往军队和平民在武器装备上的巨大差距。赛博空间战由军人战争向全民战争转变。赛博空间战的参与方更加宽泛,包括国家、组织乃至个人都可能成为赛博空间战的发动者和打击对象。尽管未来有组织的大规模赛博空间战争将逐渐取代无组织的小规模赛博空间攻击,但个人和民间机构依然可以在赛博空间战中发挥重要作用。赛博空间战在很大程度上是一场“全民战争”,任何个人或民间团体都可能发起一场极具破坏力的网络战争，军事行动和民间攻击行为由此变得更加难以区分。同时，赛博空间军事行动也不再只瞄准军事目标，而极可能指向民用网络设施。

(8)由不可控战争向可控战争的转变

传统战争的交战双方对于战争规模、战争进程和战争后果都无法做出控制，因此传统战争常常旷日持久，伤亡惨重。而赛博空间战将变成一种高度可控的战争，通过战略设置和战术安排，战争双方可以对战争的规模和进程做出调整，在实现政治目的的前提下将战争的破坏力降到最小。战争可控使有限战争逐渐向“更有限”战争转变，战争的烈度下降，战争的人道主义程度上升，国家间更倾向利用非杀伤性手段取得战争的胜利。

7 赛博空间作战概念设计与能力需求

赛博空间作战所涉及的领域较广，作战行动所引起的效果难以判断，成功的作战行动所能达成的效果影响较为深远、作用层次更为深入、持续时间会较长。赛博空间作战概念设计是一个新的领域，加之赛博空间作战是在一个虚拟空间中进行的，可借鉴的资料基本空白，对其作战概念的描述则更为困难。

7.1 赛博空间作战概念设计假设和前提条件

7.1.1 赛博空间作战概念设计假设

从技术和作战使用发展趋势看，赛博空间作战与电子战、网络战、电磁频谱战等概念相互交织，趋于融合，美国军方近期举行的军事演习已多次证明了这一认识。

电子战的主要目的是阻止敌方有效使用电磁频谱（压制、阻断、欺骗）；电磁频谱战的主要目的一是使己方有效使用电磁频谱，二是阻止敌方有效使用电磁频谱；在阻止敌方有效使用电磁频谱上，电子战与电磁频谱战存在交集。

在战场上实施网络战或赛博空间作战，在侵入敌方网络空间或赛博空间的信道和方式上，采用的都是电子战手段，在进入信道上，网络战、电子战与赛博空间作战存在交集。对于赛博空间作战行动而言，进入敌方的赛博空间是实施作战行动的第一步，只有进入才可能有作为，因此电子战是实施赛博空间作战的基础保障。

电子战是在频谱域实施的作战行动，赛博战是在认知域实施的作战行动，赛博空间作战可通过有线网络或无线网络侵入对手的赛博域，对于作战而言，多数是通过无线信道进入，在进入方式上与电子战有相同之处。在实际作战行动中，赛博空间作战和电子战作战以一种整体、同步、综合的方式进行，两个域是耦合的。若难以侵入敌方的赛博空间，则赛博空间作战就顺势降级为电子战。

赛博空间作战通过电磁频谱进入网络空间，电磁频谱是赛博空间作战的信道，电子战是赛博空间作战的手段。赛博空间作战与电子战之间的关系是彼此交织、互为补充、相辅相成、难以分割的。赛博空间作战和电子攻击具有相同的物理基础，在作战效能上会自然而然地融为一体。

因此，在赛博空间作战概念的设计上，会借助很多电子战的概念，战场上的赛博空间作战实际上是一种赛博-电磁一体化作战行动。

网络化是信息化条件下武器装备和作战体系发展的必然趋势，正是武器装备和作战体系网络化发展的必然趋势，为实施赛博空间作战奠定了作战对象基础。从赛博-电磁一体化作战角度看，诸如综合防空系统、指挥控制系统等战场网络都会成为赛博空间作战的典型对象。这些战场网络具有很多共有的特性，这些特性是对其实施赛博-电磁一体化作战所依托的要素。这些特性主要体现在以下几个方面：

1)封闭性与开放性共存，从而存在网络遭受攻击的必然性。几乎所有的战场网络都会采用一系列时域、频域、空域、能域、码域乃至认知域的“封闭措施”，力图使网络对外隔离，以网络的自封闭性确保网络的安全性。然而，这些措施终究只是策略层面（如加密或保密要求）和逻辑层面（如防火墙）的措施，无法真正确保战场网络的绝对封闭性，尤其是对于无线网络，确保其绝对封闭性是不可能的。

与“策略性封闭”相对，物理层面电磁空间是开放的、应用层面用户的安全意识可能是开放的，加之战场网络多借助于射频信道，从而存在不可避免的开放性。封闭性的要求、开放式的环境相互矛盾，战场网络这种封闭性和开放性共存的特点，使得该类战场网络在作战过程中必然会成为对方赛博攻击的主要作战对象。

2)IP化与通道化兼具,从而具有对其实施攻击的可行性。随着商用通信与组网技术不断融入战场网络,战场网络的技术架构越来越趋同。“网络IP化+射频通信通道化”的技术特征越来越明显。战场网络层面逐步统一采用IP协议,而传统的通信设备与终端的主要功能逐渐转型为仅仅提供数据通道。

战场网络的这种技术特点使得战场网络与商用网络越来越趋同,很多针对商用无线网络实施攻击的手段方法亦可以用于对战场网络实施攻击。战场网络的这种发展趋势为对战场网络实施无线攻击提供了技术可行性的基础。

3)电磁频谱与赛博空间交融,电磁攻击和赛博攻击效能跨域传递。电磁频谱与赛博空间的融合已是战场网络发展的主要趋势。从战场网络赛博攻击角度看,电磁频谱与赛博空间交融带来的最大影响就是可实现攻击效能的“跨域传递”,可以通过电子攻击信道进入对手装备或作战体系的赛博空间,“由电入网”,也可以通过赛博攻击影响对手装备或作战体系的信息作战能力,“由网入电”。电磁频谱与赛博空间的这种交融特性,改变了传统电子战单纯的“由电入电”,传统赛博战单纯的“由网入网”的作战模式,大幅提升了战场网络攻击手段的多样性,电磁频谱与赛博空间融合的多样性攻击手段会涌现出作战效能的跃升。

4)网状通信与树状指控交织,使战场的鲁棒性存在局限。网络中心战概念的主要目标是通过组网提升信息系统的总体效能。然而,战场环境的诸多约束使战场网络无法满足“全连通”这一前提条件。从通信角度看,“全网状”结构是最利于发挥网络中心战效能的组网方式,但从指控角度看,战场的指控必须采用分层、分级的“树状”结构,综合防空系统亦是如此。虽然分布式作战概念可能会改变这一指控形态,但未来若干年这种指控形态仍是主流。这种“网状组网和树状指控”的冲突,大幅削弱了“全连通”能力,从而制约了网络中心战效能的发挥。这也是推动分布式作战概念发展的主要动力之一。

网状通信/组网的灵活性、力量倍增性等优势受到树状指控架构的制约而难以发挥最好效能，使战场网络的鲁棒性远没有设计构想的那么完善，从而使战场网络难以在短时间内从遭受的赛博攻击中恢复正常状态。

7.1.2 赛博空间作战概念设计前提条件

针对战场网络实施的赛博攻击必须满足诸多前提条件，在满足这些前提条件的情况下，才可以成功实施针对敌方网络的赛博攻击行动。对敌方实施赛博攻击需要具备的前提条件主要为以下几点。

(1)对方的战场网络足够先进且行为可预测

作为作战对象的对方战场网络必须足够先进且运行速度非常快，才有望对其实施赛博攻击。此外，由于战场网络的动态性较之基础设施网络要高很多，因此，只有对那些行为可预测的战场网络才可以实施有效攻击。

例如伊朗的防空网络就具备上述两种特性。首先，以俄罗斯 C－300 防空系统为主要武器平台的综合防空系统是世界上最先进的防空系统之一，其组网和通信系统采用的技术先进；其次，伊朗综合防空系统的应用频率十分高。因此可以设想，美军从长期的情报侦察已掌握了伊朗防空系统的行为特征，甚至已建立了逼真度很高的伊朗防空系统网络行为模型。此外，苏联解体使美国从前苏联的加盟国中获得了 C－300 等防空装备的实装，对实装的深入研究可以使美军掌握 C－300 防空装备的技术细节，为实施电子攻击和赛博攻击提供细节支撑。

(2)足够细的侦察粒度

尽管从理论上讲，对战场网络的任一节点、任一链路实施赛博攻击都可以通过攻击效能的扩散实现对整个网络的影响，然而考虑到战场环境对时效性、隐蔽性的要求，找出可利用性最强的漏洞、攻击被发现可能性最低的节点/链路，对于有效实施赛博攻击至关重要。

因此，要有效且隐蔽地对对手战场网络实施攻击，必须以强大的细粒度侦察为基础。对目标网络的侦察力度越细越好，侦察维度涵盖物理、逻辑、认知等多个层面，侦察深度包括网络、节点、链路、子系统等多个层级，侦察手段涉及平时、战时、技侦、谍报、黑客等多种场景。

美军对伊朗防空系统实施赛博攻击经过了长期的准备，美军的常态化侦察、美国/以色列的间谍情报都支撑着这一前提条件的形成。

(3)足够灵活、多源、网络化、深度的情报数据库

先验数据对有效实施赛博攻击具有决定性作用。在"大数据"的支持下，可以对侦察、情报等信息和数据进行智能处理、识别、归类、入库，形成支持战场实时赛博攻击的情报数据库。

7.1.3　赛博空间作战概念设计主要关注点

赛博空间作战概念的范围很广，研究的聚焦关注点有以下几点。

(1)聚焦关注射频信道注入

不同于目前广为人知的互联网病毒或分布式拒绝服务攻击等赛博空间入侵行为，战场上的赛博空间作战行为多数是通过射频信道进行的，而这种通过射频信道事实赛博空间入侵的行为又不同于手机的无线互联网，因为手机无线互联网的协议、格式是一致的，而战场上装备互联互通、射频辐射的协议、格式是未知的，因此入侵的难度很大。

通过射频信道实施赛博空间作战与电子战的分界十分模糊，从美军赛博空间作战概念看，前者仍是电子战的范畴，不过是以体系对抗形式呈现的体系电子战。从理论和时间角度看，在空中平台对敌方实施低功率的赛博入侵不奏效时，及时切换为大功率的电子战是必然选择，目的都是取得战场的制电磁权，只不过方法不同。

(2)聚焦关注空战场

基于被研究的出发点，本书的作战概念设计聚焦于空战场作战场景。

空战场是指敌对双方在空中进行作战活动的战场，主要指一定的空域，有的还包括相关的地域或海域。空战场是空军主战装备实施作战行动并赢得控制权的对象空间。该空间既包括地理意义上的区域空间，也包括物理意义上的电磁空间。

空战场赛博空间攻击，是指依托空军空中或地面武器装备平台，通过无线信号注入的方式，对敌方的传感器网络、通信传输网络、指挥控制网

络等军事信息系统实施的摧毁、阻塞、欺骗和信息窃取的作战行动。

(3)考虑技战术的综合应用

成功的赛博攻击一定是技战术组合的综合应用,战术为表,技术为里。战场赛博攻击的战术包括分布式协同、电子欺骗、平台机动战术欺骗、电子压制、火力打击,多样战术可以灵活组合、视情应用,但赛博攻击成功的关键与基础还是细粒度侦察、纵深感知、战场网络视图生成、动能/非动能攻击集成、网电一体化复合攻击等技术,在赛博空间的作战行动是技术决定战术的。由于技术的障碍和认知的约束,很多赛博空间作战概念可能不易实现,初步设计的赛博空间作战概念描述了技术努力的方向。

7.2 赛博空间感知作战概念设计

与其他类型的作战行动相似,"发现才能作战"是有效实施赛博空间作战行动的前提,赛博空间感知是实施赛博空间首先必须实施的作战行动。赛博空间态势感知作战行动可以独立实施,也可融入其他作战行动内实施。

赛博空间感知包括感知敌方的赛博侵入,感知敌方的网络架构、网络参数等内容。赛博空间感知作战概念设计重点关注对敌方网络架构、网络参数进行感知。

7.2.1 实时定位时敏目标概念

(1)作战任务

无人机或无人机组网对敌方时敏目标进行快速定位、引导火力打击。这一作战概念的内容更接近电子战范畴。

(2)作战行动实施实体

隐身无人机或以隐身无人机组成空间广域分布的感知网,采用机载无源接收机为主要侦察手段。可以混合采用电子支援设备和光电侦察载荷,需要时,可在无人机群中配置有源雷达。

(3)作战概念顶层视图

实时定位时敏目标概念顶层视图如图 7 - 1 所示。

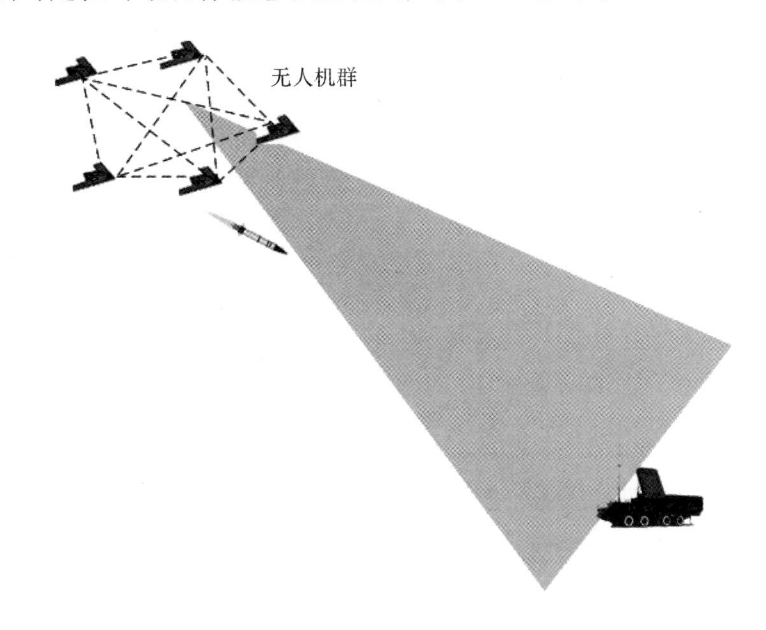

图 7 - 1 实时定位时敏目标概念顶层视图

(4)作战过程

1)无人机或无人机组网通过被动探测和体系情报支援数据,获知敌方目标概略范围。

2)无人机通过组网进行广域搜索,快速准确标定敌方目标地理位置。

3)无人机群利用协同探测能力,快速辨识敌方目标;通过电子侦察获得敌方位置是电子对抗作战行动,通过解析敌方指控信号获得敌方位置是赛博作战行动。

4)无人机群将相关信息和数据下传至地面站或空中进攻作战平台。

5)无人机群引导远方火力对敌目标实施打击,若无人机群中配置有察打一体无人机,则无人机在地面授权的条件下,可以对目标直接实施攻击。

6)无人机群判断打击效果。

(5)作战效果

对敌方目标的打击效果易于直观判断,但实际作战场景中可能存在假目标，对于假目标的判断需要多种信息的支持。有些作战场景下，可能需要在作战区域上空长时间滞留。

7.2.2 无人机群组网侦察概念

与电子战相似，实施低/零功率电子战的前提是实施感知敌方射频信号的频率和样式，从而对敌方的射频设备进行精确的干扰、压制或信息注入。

(1)作战任务

侦察并实时计算解析敌方装备的射频信号，包括平台空间位置、信号频率、信号样式、战场网络架构、网络连接关系、网络协议等。

(2)作战行动实施实体

以隐身无人机组成空间广域分布的感知网，采用机载无源接收机为主要侦察手段。可以混合采用电子支援设备和光电侦察载荷，需要时，可在无人机群中配置有源雷达。

(3)作战概念顶层视图

无人机群组网侦察概念顶层视图如图 7-2 所示。

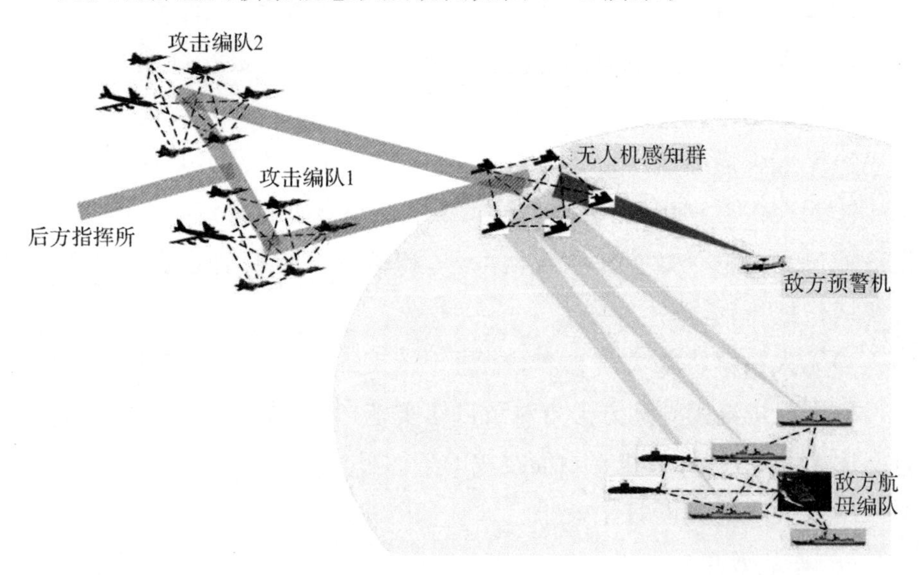

图 7-2　无人机群组网侦察概念顶层视图

(4)作战过程

1)无人机通过被动感知和体系情报支援数据,获知敌方雷达、指控信号的工作频段、信号格式等参数;

2)无人机通过组网快速精确标定敌方装备空间位置;

3)无人机群利用群协同计算能力,快速解析辨识敌方装备射频信号样式,解析敌方通信网络架构和组网协议;

4)无人机群将相关信息和数据传送至空中攻击编队或后方指挥所。

(5)作战效果

对敌方装备频率侦察的效果易于判断;对敌方信号样式侦察难度较大,可能难以实时闭环;对敌方通信网络架构和组网协议的侦察难度很大,需要先验数据的支持和长期的数据积累。

突前的隐身无人机——可以采用“引蛇出洞”战术,发出诱惑信息,诱使敌方进入作战状态,发射作战射频信号。无人机群捕获信号进行实时解析后,依据先验信息,对敌方指控网络实施注入、欺骗、阻塞等赛博作战行动。使敌方完成不好、完成不了作战任务,甚至可以使敌方按照我方的意图实施作战行动。

7.2.3 获取敌方敏感信息概念

(1)作战任务

无人机或无人机组网对敌方指控/火控网络的敏感信息进行侦察。这一作战概念具有一定的进攻形式,作战侦察的攻击层次为敌方作战装备网络的服务层。

(2)作战行动实施实体

隐身无人机或隐身无人机群,无人机配置无源传感器和电子战系统。作战行动攻击手段为假消息注入攻击(如电子邮件欺骗)。

(3)攻击过程

1)攻击方通过被动探测和体系情报支援数据,获知目标方无线通信节点的物理层、链路层和网络层参数;

2)攻击方通过网络探测和数据处理手段,获知目标方系统的网络架构和网络协议,以及目标网络节点(数据中心)的数据加密算法、IP 地址等;

3)攻击方假冒目标方的授权用户向数据中心发送电子邮件,请求数据服务;

4)目标方数据中心接收到数据服务申请,提供数据支持服务;

5)攻击方根据作战任务需求和数据访问进程,持续获取所需的数据;

6)攻击方在攻击结束后,擦除数据访问痕迹,设置后门程序,为下次攻击预留接口。

(4)攻击效果

目标方数据中心的敏感数据被攻击方获取。

攻击方需要同构对获取的数据进行真伪分析,仅仅通过外部观测的方法,很难准确评估攻击效果。

获取敌方敏感信息概念与赛博空间进攻作战概念中的场景 8 相同。

7.3 赛博空间防御作战概念设计

赛博空间防御作战首先要确保自身装备和网络的安全性,这需要对装备和网络进行全面的测试。在自身安全性确保的基础上,可以对敌方的 GPS 定位、火控引导等信息链路进行干扰和信息注入,挫败敌方的进攻意图。

7.3.1 干扰移动作战单元导航定位概念

(1)作战任务

干扰敌方导航信息和链路,或对敌方精确打击弹药注入虚假导航信息,诱偏敌方精确打击弹药对目标的攻击行动。对敌方装备的赛博攻击的层次为攻击敌方装备的服务层。

(2)作战行动实施实体

电子战飞机或地面/临近空间电子战平台,攻击手段为 GPS 导航欺骗干扰或压制干扰。

(3)作战过程

1)攻击方通过被动探测和体系情报支援数据,获知敌方卫星导航系统的工作参数、移动作战单元的活动区域,以及卫星导航接收设备的性能参数;

2)电子战飞机产生虚假的卫星导航定位/定时信号波形作为干扰波形,或接受敌导航信号,经过时间或编码变换后实时大功率发送;

3)电子战飞机向特定区域大功率辐射虚假的卫星导航定位/定时信号波形;

4)必要时可采用 GPS 信号压制干扰方式,屏蔽或淹没正常的 GPS 导航信号;

5)根据作战任务需求和干扰效果评估情况,确定攻击的持续时间。

(4)作战效果

使敌方移动作战单元无法准确定位和定时,甚至解析出错误的定位和定时信息。

攻击可以采用欺骗、压制、注入等多种形式,采用注入形式的作战效果最佳,可将敌方精确打击弹药诱骗至指定区域,甚至可以将其诱骗至敌方目标。

攻击方通过外部观测的方法,较难准确评估攻击效果。必要时可实行欺骗和压制并行的作战策略。

2012 年 12 月 4 日,伊朗捕获了一架较为完整的美军 RQ - 170 无人机。从被捕获的无人机形态看,不像事故迫降,因为 RQ - 170 无人机为飞翼式布局,若出现故障迫降,不会保持这么好的形态。因此,专家推测是伊朗用假导航信息诱使 RQ - 170 无人机在伊朗境内降落。若专家的这种推测属实,则这是一次非常成功的赛博作战案例。

据报道,伊朗捕获美军 MQ - 170 无人机所使用的电子战设备为俄制“汽车场”电子干扰系统。这套电子战设备可以覆盖 100 km×100 km 范围内的空域。除了中央指挥系统外,系统共包含 27 个 SPN - 2/4 型大型干扰机，每台能同时压制来自任意方向、飞行高度在 30～30 000 m 之间的大部分飞机和直升机的侧视雷达、引导雷达和空对地火控雷达。理论上，一套“汽车场”可以同时压制 50 架航空器的雷达，压制有效性在 80% 左右。

“汽车场”电子干扰系统本是对付战斗机和轰炸机的，因此对于无人机而言，其信息干扰能力相当饱和。伊朗的“汽车场”当时成功干扰了 RQ－170 的数据传输，使得美军地面操作人员彻底失去了对无人机的控制。由于无人机在失去控制信号后，会依据导航信号自动返回位于阿富汗的基地。但据推测，在切断 RQ－170 的遥控数据链路后，伊朗军队将虚假的导航数据发送给无人机，启动了无人机的紧急迫降程序，并为其规划了迫降路线。可见，成功俘获无人机不仅需要屏蔽原有的数据通信，还需要注入新的数据信息。从这一战例看，伊朗的赛博作战能力具有相当高的水准。

7.3.2 制导链路干扰侵入概念

在面对导弹攻击时，一般是对探测链路进行干扰，也可对制导链路进行干扰，而制导链路是通信链路，相对而言，干扰和入侵的难度较低。

(1)作战任务

破坏敌方导弹制导链路，破坏敌方导弹的中制导，使敌方导弹无法满足交班条件，导弹偏离攻击目标。对敌方导弹的赛博攻击的层次为服务层。

(2)作战行动实施实体

遭受攻击的作战飞机自身，防御手段为制导信号欺骗干扰或压制干扰。

(3)作战过程

1)攻击方通过被动探测和体系情报支援数据，获知敌方武器系统制导链路的工作参数；

2)作战飞机产生虚假的制导信号或干扰信号，注入虚假中制导信号是赛博作战行动，干扰敌导弹中制导信号是电子对抗作战行动；

3)作战飞机对攻击的导弹实施欺骗和干扰;

4)必要时可辅助相应的中远距机动动作。

(4)攻击效果

作战飞机通过外部观测的方法,在中远距即可评估欺骗、干扰和注入效果。

F-35A具备两项对防空导弹进行智能对抗的能力,一是智能灵巧干扰,二是智能机动策略,这两个能力均依托于其机载电子战系统的两个OODA环。

从探测角度看,作战飞机的智能灵巧干扰针对回波信号,具有40 dB以上的能量优势,而且在空、时、频域精确对准,且可采用灵活多样的调制方式。

从导弹制导技术角度看,作战飞机的智能机动策略主要针对导弹的中制导过程,通过中远距精确的机动时机、方向控制,诱使导弹机动,导致导弹能量损失,而且作战飞机可采用灵活多样的机动方式。导弹的制导精度严重依赖于导弹动能,仿真认识表明,即使战斗机采用简单的机动策略,在有效杀伤区内,也可将导弹的命中概率由90%左右降低到10%以下。

从目前的仿真研究认识知,若要有效对制导链路实施入侵或干扰,除需要获知敌方武器系统制导链路的工作参数,还需要飞机平台的智能决策支持,提供干扰和机动方式和时机的提示。

据近期资料报道,欧洲的台风战斗机可以直接在平显上显示经过计算的机动方式提示,帮助飞行员规避逼近中的地空导弹威胁。

7.3.3 导弹自毁指令侵入概念

在面对导弹攻击时,可利用导弹自毁设计性能,向导弹发送自毁指令,使导弹在攻击目标前在空中自毁。

(1)作战任务

向敌方导弹发送自毁指令,使敌方导弹提前自毁。对敌方导弹的赛博攻击的层次为服务层。

(2)作战行动实施实体

作战行动实施实体为遭受攻击的作战飞机自身,防御手段为发送导弹自毁指令。

(3)作战过程

1)防御方通过告警系统探测发现攻击导弹;

2)利用预先已知的导弹自毁指令,在适当时机向攻击导弹发送自毁指令信号;

3)攻击导弹接受自毁指令,在空中自毁;

4)必要时可辅助相应的中远距机动动作。

(4)作战效果

作战飞机通过外部观测的方法,在中远距即可评估导弹自毁指令侵入效果。

7.4 赛博空间攻击作战概念设计

赛博空间攻击作战的样式大致可以分为三类。

第一类是由网络空间向网络空间发起的攻击行动,比如分布式拒绝服务攻击(DDoS)、漏洞攻击、逻辑炸弹攻击、木马和蠕虫病毒等等。

其中 DDoS 是较为原始但常用的进攻方式,其攻击思路是利用分布于全球的僵尸网络对某一个网站服务器同时进行大量访问,从而堵塞正常访问的通道。

对于这些较为低级的攻击手段,在实战中已有许多防御的方法。相对于拒绝服务攻击,漏洞攻击、逻辑炸弹攻击等方式更加具有技术难度,而且更具灵活性、隐蔽性、破坏性。它们或利用系统客观存在的漏洞,或在硬件芯片和软件操作系统内设置后门,对系统进行攻击并获取系统的控制权。这种攻击方式十分隐蔽,在平时,软硬件系统工作正常,但是一旦攻击逻辑被激活,则立即转为战时状态。而且,对于通用软硬件来说,其应用量往往十分巨大,故而上述攻击手段所造成的破坏范围和破坏程度十分广泛和巨大。

第二类则可以归属为由物理空间向网络空间发起的攻击行动。伊拉克战争中，美军投掷的电磁脉冲炸弹直接造成巴格达地区大面积停电，伊拉克国家电视台信号中断，雷达、电脑、媒体和通信设施陷入瘫痪。

这可以视作物理空间向网络空间发起进攻的一个典型案例。类似的攻击武器还包括电子干扰、电磁脉冲武器、反卫星武器以及研发中的纳米机器人、嗜硅微生物等等。

众所周知，物理空间是网络空间存在的基础，而物理攻击手段瞄准的正是位于物理空间中的网络基础设施。当然，为了达到网络攻击的目的，物理空间中的攻击性武器并非唯一选择，有时候伪造身份、信息欺诈、威胁恐吓等社会工程学手段常常也能发挥奇效。

通过社会工程学手段精心构筑的骗局足以让被攻击者顺从和执行攻击者的指令，并完成网络攻击中的关键步骤，突破常规网络攻击无法突破的物理隔离。社会工程手段在网络进攻行动中常常所向披靡，如果将它与传统隐蔽行动相结合，则更加无往而不利。这似乎彰显了一个几乎无法解决的难题——人，往往是网络防御体系中最为脆弱的一环。

最后一类则是经由网络空间向物理空间实施打击的网络战。随着物联网的发展，网络空间与物理空间的界限开始弥合，由网络空间向物理空间发动攻击因此成为可能。通过网络攻击战争对手的电网、水网、金融终端、通信网络、核设施等物理空间中的目标已成为最廉价和高效的战争选项之一。

最具代表性的案例是美国针对伊朗的“震网”攻击事件。通过网络攻击，美国和以色列成功摧毁了伊朗方面大量用来提取浓缩铀的离心机，而己方未费一兵一卒。

可见，从功能上来说，赛博空间战已经可以初步替代物理空间中的常规战争。在可预见的将来，赛博空间战在现代战争中的比重还将大幅提升。通过赛博空间战这种较为温和的方式，既能实现政治和军事目的，又能规避常规战争政治风险大、经济成本高、战后问题多等缺点。

在实际运用场景中，上述攻击方式并非独立地存在，而是常常被综合运用到一场赛博空间战争当中。同时，赛博空间战争与传统战争也常常同时进行，互为呼应。

由此可见，赛博空间战实际上是一种立体战争和多维战争。赛博空间战是一种融合物理空间和网络空间的新的战争形态，而并非仅仅发生于网络空间中的战争或利用网络作为进攻武器的战争。

在本书讨论的赛博空间进攻作战概念中，重点关注第二类攻击行动，即由己方的物理空间平台，通过射频信道，向对手武器系统的网络空间发起攻击。空战场赛博空间进攻作战概念主要依托分层攻击概念进行设计。

空战场赛博空间攻击作战概念设计以代码注入为期望目标，以电磁干扰为备份方式，以火力摧毁为保底手段。

空战场赛博空间攻击作战的对象目标是：敌方有源/无源传感器、指挥通信链路、制导控制通信链路、战场网络。

图 7－3 综合描述了空战场赛博空间攻击作战的典型作战场景。

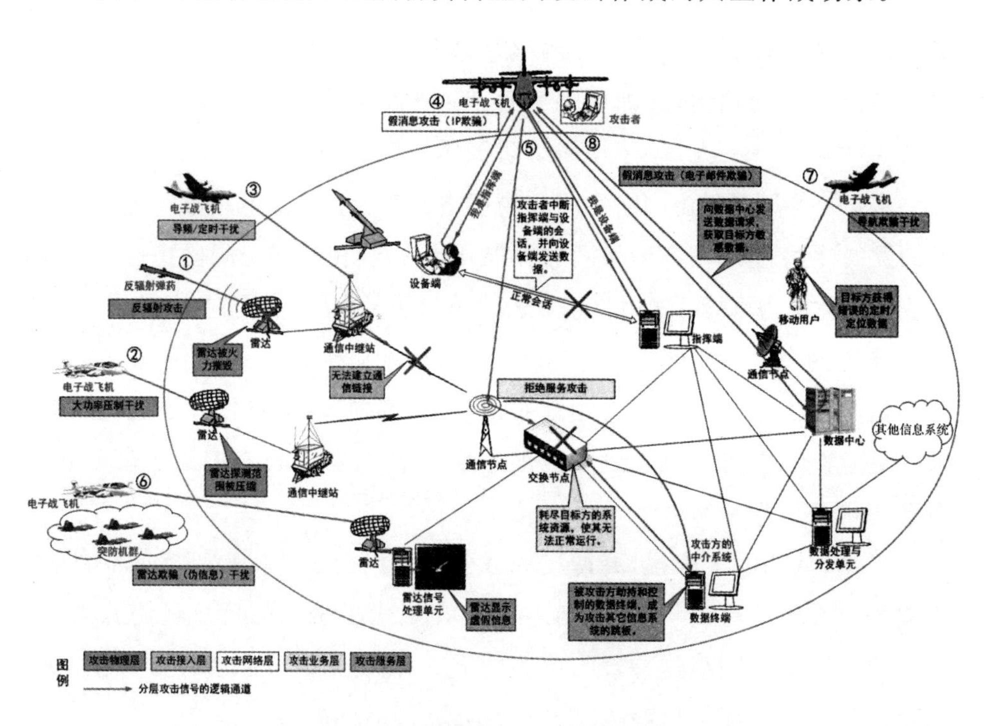

图 7－3　空战场分层攻击作战场景

作战背景：攻击方通过电子战手段，对目标方的地面防空系统实行打击,降低或丧失其作战能力。

攻击方装备设置:电子战飞机,反辐射弹药,情报信息支援。

目标方装备设置:预警雷达系统,无线通信系统,地面指控系统、数据库、移动作战单元、地面防空火力单元。

7.4.1 场景一:反辐射攻击概念

(1)作战任务

攻击摧毁敌方预警、制导雷达,攻击层次为物理层攻击。

(2)作战行动实施实体

空中隐身作战平台,使用反辐射导弹实施攻击。

(3)攻击过程

1)攻击方通过被动探测和情报支援数据,获知目标方预警雷达的工作频段和地理位置;

2)发射反辐射弹药实施攻击,物理摧毁目标方的预警探测、火控制导节点。

(4)攻击效果

目标方预警雷达被物理摧毁。

攻击方通过观测能够判断目标方装备的损毁情况,易于做出攻击效果评估结论。

7.4.2 场景二:压缩预警雷达探测范围

(1)作战任务

压缩敌预警雷达探测范围,攻击层次为物理层。

(2)作战行动实施实体

空中隐身/非隐身作战平台,使用机载电子战系统大功率压制干扰对敌预警雷达进行压制。

(3)攻击过程

1)攻击方通过被动探测和情报支援数据,获知目标方预警雷达的工作频段和地理位置;

2)电子战飞机截获预警雷达波束扫描方向,施放大功率干扰;

3)根据作战任务需求和干扰效果评估情况,确定攻击的持续时间。

(4)攻击效果

目标方预警雷达的探测范围被压缩。

攻击方通过探测目标方雷达遭受干扰后的工作运行情况,能够给出概略的攻击效果评估结果,但是存在较大的模糊性。

7.4.3 场景三:干扰无线通信链路

(1)作战任务

干扰敌无线通信链路,攻击层次为接入层。

(2)作战行动实施实体

空中隐身/非隐身作战平台,使用机载电子战系统对敌无线通信链路进行导频/定时干扰。

(3)攻击过程

1)攻击方通过被动探测和情报支援数据,获知目标方无线通信链路的地理位置、工作频段、信号覆盖范围、数据帧格式,计算信号辐射强度;

2)电子战飞机产生与目标方帧格式相似的干扰波形;

3)电子战飞机将干扰波形注入目标方接收信道,干扰辐射功率高于目标方接收到的期望信号强度;

4)观测目标方发射机输出信号的强度变化,实时调整干扰的输出功率,保持相对稳定的信干比;

5)根据作战任务需求和干扰效果评估情况,确定攻击的持续时间。

(4)攻击效果

目标方无线通信链路被切断。

攻击方通过探测目标方通信链路遭受干扰后的参数变化情况,能够给出概略的攻击效果评估结果,但是存在较大的模糊性。

7.4.4 场景四:中断数据传输链路

(1)作战任务

中断敌数据传输链路,攻击层次为网络层。

(2)作战行动实施实体

空中隐身/非隐身作战平台,使用机载设备对敌无线通信链路进行假信息攻击(IP欺骗)。

(3)攻击过程

1)攻击方通过被动探测和情报支援数据,获知目标方无线通信节点物理层、链路层和网络层参数;

2)攻击方通过网络探测获知目标方系统的网络结构、网络协议,以及目标网络节点(指挥端和设备端)的IP地址;

3)电子战飞机建立并保持实施分层攻击的物理通道;

4)攻击方模拟设备端IP地址向指挥端发送下线数据包;

5)攻击方模拟指挥端IP地址向设备端发送正常链接数据包,并接收和回复设备端发来的数据包;

6)根据作战任务需求和攻击效果评估情况,确定攻击的持续时间。

(4)攻击效果

目标方的指挥端与设备端的数据通信链路被切断。

攻击方通过探测目标方装备的工作状态变化情况,能够给出概略的攻击效果评估结果,但是存在很大的模糊性和不确定性,目标方可能会启动备份传输路由进行设备控制操作。

7.4.5 场景五:破坏指控网络运行

(1)作战任务

破坏敌指控网络运行,攻击层次为业务层。

(2)作战行动实施实体

空中隐身/非隐身作战平台,使用机载设备对敌指控网络进行拒绝服务攻击(能力消耗攻击)、连续变换、连续注入、饱和阻塞敌方指控网络的运行。

(3)攻击过程

1)攻击方通过被动探测和情报支援数据,获知目标方无线通信节点物理层、链路层和网络层参数;

2)攻击方通过网络探测和数据处理手段,获知目标方系统的网络架构、网络协议,以及目标网络节点的数据加密算法和IP地址等;

3)电子战飞机建立并保持实施分层攻击的物理通道;

4)攻击方在目标方网络中搜索漏洞,控制部分网络节点作为中介系统;

5)电子战飞机通过攻击通道,直接或间接(利用中介系统)向交换节点发送大量的数据请求,降低交换节点的数据处理能力,导致无法处理合法用户的请求,使系统工作效能大大降低甚至瘫痪;

6)根据作战任务需求和攻击效果评估情况,确定攻击的持续时间。

(4)攻击效果

目标方网络资源被大量占用,网络用户的数据请求无法及时处理,网络趋于崩溃。

攻击方通过外部观测的方法,较难准确评估攻击效果。

(5)技术难点

指控系统的计算机架构一般采用哈佛架构。哈佛架构是一种将程序指令储存和数据储存分开的存储器的计算机设计架构。哈佛架构不同于通常的冯·诺伊曼架构,冯·诺伊曼架构是一种将程序指令存储器和数据存储器合并在一起的计算机设计架构。通常的计算机使用的是冯·诺伊曼架构,因此用于攻击冯·诺伊曼架构计算机的方法、手段和技术,对于攻击冯·诺伊曼架构计算机是无效的,在战场上对冯·诺伊曼架构计算机的注入式攻击在技术上很难实现。

7.4.6 场景六:雷达假目标注入

(1)作战任务

向敌方雷达注入假目标,使敌方产生错误行动,攻击层次为服务层。

(2)作战行动实施实体

空中隐身/非隐身作战平台,使用机载设备对敌方雷达注入欺骗(伪信息)信号。

(3)攻击过程

1)攻击方通过被动探测和情报支援数据,获知目标方预警雷达的地理位置、工作频段、波束扫描方向和周期，以及雷达接收机信号处理参数；

2)电子战飞机产生虚拟的雷达探测目标；

3)电子战飞机建立并保持实施分层攻击的物理通道；

4)电子战飞机将干扰波形注入目标方预警雷达接收信道，干扰辐射功率高于目标方接收到的期望信号强度；

5)观测目标方发射机输出信号的强度变化，实时调整干扰的输出功率，保持相对稳定的干信比；

6)根据作战任务需求和攻击效果评估情况，确定攻击的持续时间。

(4)攻击效果

目标方预警雷达无法及时探测到突防机群编队，作战反应时间被攻击方大幅度压缩。

攻击方通过外部观测的方法，较难准确评估攻击效果。

7.4.7 场景七:心理威慑作战概念

(1)作战任务

向敌方装备、个人移动通信设备注入心理威慑信息，引起敌方作战人员的心理压力，攻击层次为服务层。

(2)作战行动实施实体

空中隐身/非隐身电子战飞机，使用机载设备对敌方装备、个人移动通信设备注入心理威慑信息。

(3)攻击过程

1)攻击方通过被动探测和情报支援数据，获知目标方射频设备参数、信道等信息；

2)电子战飞机产生心理威慑信息；

3)电子战飞机向敌方装备、个人移动通信设备发送心理威慑信息；

4)根据作战任务需求和攻击效果评估情况，确定攻击的持续时间。

(4)攻击效果

攻击效果通过侦察和观察难以获得，需要借助其他手段。

(5)可能存在的问题

敌方所有参战人员的移动通信设备在战时是不允许携带的,此作战概念可以在平时运用,或在战时对敌参战人员家人使用。此作战概念相当于手机群发骚扰信息。

前述所讨论的赛博空间作战概念在实际作战场景中并不是独立使用的,一般情况下,在实际作战场景中,以上所述作战概念在使用上可能会重叠、交叉、序贯、同时使用。

7.5 赛博空间作战能力特征和基本能力需求

通过对已有资料的研究分析,对于赛博空间作战的能力特征和基本能力需求有以下基本认识。

7.5.1 赛博空间作战能力特征

随着武器装备网络化程度技术的不断提升,赛博空间作战能力也在不断发生升华,并呈现出以下特征:

(1)攻击形式隐匿化

网络攻击的特点之一就是攻击的隐蔽性,不被察觉的攻击是最高层次的攻击行动。让对手察觉不到正在遭受攻击,这样攻击方就有机会实施更高层次的攻击,例如隐身电子攻击、无忧辐射等。

(2)攻击主体隐蔽化

将对手或第三方的某些信息系统作为中介,通过中介系统实施攻击,以隐藏攻击方的位置,让对手难以溯源,例如网络攻击中的肉鸡或僵尸系统,就是攻击方实施网络攻击的中介。隐身飞机也是通过各种技术手段来隐匿自己的位置,实现攻击主体的隐蔽化。

(3)攻击过程自动化

攻击者把攻击程序完全自动化,及扫描端口、远程攻击、下载木马完全自动化,攻击的效率仅取决于计算机的性能和网络的带宽。

(4)攻击工具多态化

早期的各种攻击装备功能是相互独立且单一的,新型攻击装备的功能具有了多样化的特点。例如有源相控阵雷达实现了雷达电子通信干扰功能一体化,舒特系统兼具电子攻击、网络攻击和侦察探测的多项能力。网络攻击工具可在多种操作系统平台上使用。

(5)攻击流程策略化

为提高攻击效果,开始重点攻击目标系统的审计系统、管理中心等,以网络和数据为主要目标,对其防护弱点率先加以攻击,令其失效,以便进一步对目标系统实施攻击。

(6)攻击手段非对称化

攻击方逐步将社会工程学、心理战、舆论战等手段与传统手段相结合,以更加隐蔽、综合、自动、长期和常态化的方式,向攻击信息系统更高功能层的方向发展。

(7)攻击范围无边界化

赛博攻击具有放大作用,随着信息系统网络化的发展,某一系统的终端已经不再是传统意义上的“终端”,而是网络大部分实物的起点和源头。对某一武器系统终端的攻击,可能仅仅是对其后面相连的复杂网络系统攻击的开始。

7.5.2 赛博空间作战能力需求

通过对塞博空间作战概念的研究分析,提取赛博空间作战能力需求如下。

(1)联合赛博空间态势智能感知能力

赛博空间态势感知是有效实施作战行动的前提,尤其是通过射频信道对战场的赛博空间态势进行准确、实时、灵活的态势感知是有效实施赛博空间作战行动的基本保障,发现才能作战,感知才能行动。对赛博空间态势的快速、实时、有效感知是赛博空间作战对态势感知提出的能力需求之一,能力需求与电子战态势感知能力密切相关,但能力需求远高于电子战的态势感知能力。

联合赛博空间态势智能感知能力分解及其需求见表7-1。

表7-1 联合赛博空间态势智能感知能力分解及其需求

序号	能力分解项	能力需求
1	射频感知能力	全频、全维、微弱信号感知、实时智能辨识、实时定位
2	光电感知能力	全维、全天候图像感知、实时智能辨识、实时定位
3	技术侦察能力	全域、全频信号侦察、实时智能辨识、实时定位
4	网络技术侦察能力	全时网络监控、实时智能辨识、实时报警、智能拦截
5	赛博空间作战、电子战、电磁频谱战统一感知能力	综合运用、协调多种、多源、多构、分布式部署的多个传感器对战场全域、全谱信息/信号进行感知
6	体系信息支援能力	包括民间、谍报等渠道的信息支援

(2)赛博空间信息智能融合分析能力

态势感知是对传感器的要求，对感知的信息/信号进行快速、实时的综合处理，辨识、提取、关联相关有用信号则是对信号处理硬件、算法等能力的需求。对感知的信号进行快速、实时的解析，分析获得对敌方射频装备参数、网络架构、网络协议的认知，是赛博空间作战对信号融合分析能力的新需求。由于有快速实时的需求，则人工分析的方式已不适应，需借助智能技术，开发智能解析软件。随着大量传感器的分布式部署，产生的大量信息对信息融合处理带来了很大压力。

赛博空间信息智能融合分析能力分解及其需求见表7-2。

表7-2 赛博空间信息智能融合分析能力分解及其需求

<table>
<tr><th>序号</th><th>能力分解项</th><th>能力需求</th></tr>
<tr><td>1</td><td>单平台多源异构信息融合能力</td><td rowspan="2">多源异构信息智能实时融合，大数据实时智能处理、分析，信号智能辨识
单平台指空中中小型作战飞机，综合系统指地面站或空中指挥机、预警机等大型空中平台</td></tr>
<tr><td>2</td><td>综合系统多源异构信息融合能力</td></tr>
<tr><td>3</td><td>赛博空间作战、电子战、电磁频谱战统一信息智能融合分析能力</td><td>对赛博空间作战、电子战、电磁频谱战感知信息/信号进行智能融合分析，实时给出战场赛博架构和电磁谱图</td></tr>
</table>

续 表

序号	能力分解项	能力需求
4	侦察信号数据库	平时和战时实际感知数据记录、分析、标记、入库；仿真训练数据记录、分析、标记、入库

(3)智能干扰、注入策略快速实时生成能力

在解析获得对敌方射频装备参数、网络架构、网络协议认知的基础上，借助智能技术，快速实时生成相应的干扰、注入策略和作战使用序列。这项能力需求是对技术、装备、作战使用、战术战法等多方面因素综合研究提出的综合需求。

智能干扰、注入策略快速实时生成能力分解及其需求见表7-3。

表7-3　智能干扰、注入策略快速实时生成能力分解及其需求

序号	能力分解项	能力需求
1	干扰策略快速实时生成能力	依据感知信息、作战任务、装备特性、装备部署、战术运用等要素快速实时生成针对性干扰策略
2	注入策略快速实时生成能力	依据感知信息、作战任务、装备特性、装备部署、战术运用等要素快速实时生成针对性信息/信号注入策略
3	智能干扰、注入序列生成能力	依据作战任务、装备部署、战术运用等要素快速实时生成智能干扰、注入信息/信号序列

(4)干扰、注入信号实时生成能力

依据生成的干扰、注入策略和作战使用序列，快速、实时生成相应的干扰、注入信号，为实施作战行动提供弹药。

干扰、注入信号实时生成能力分解及其需求见表7-4。

表7-4　干扰、注入信号实时生成能力分解及其需求

序号	能力分解项	能力需求
1	干扰信号实时生成能力	依据智能干扰策略实时生成干扰信号样式和序列
2	注入信号实时生成能力	依据信息/信号注入策略实时生成注入信号样式和序列

(5)信号智能注入能力

生成的信号要有效注入敌方装备中，尤其是在敌方“无察觉”的条件下注入敌方装备，对信号的注入方式、时机、位置等要素的要求会较高。

信号智能注入能力分解及其需求见表7-5。

表7-5　信号智能注入能力分解及其需求

序号	能力分解项	能力需求
1	集中式干扰/信号智能注入能力	集中式指干扰/信号智能注入由空中单平台集中实施，如干扰机
2	分布式干扰/信号智能注入能力	分布式指干扰/信号智能注入由多个空中平台分布式实施，分布部署的无人机

(6)赛博空间作战、电子战、电磁频谱战统一指挥控制能力

在战场上，赛博空间作战、电子战、电磁频谱战必定是耦合、融合为一体的，因此除在装备的硬、软件上实现一体化设计、一体化应用外，还必须在指挥控制、作战使用层面实现一体化，这种一体化既包括单平台内部在系统层面的一体化，也包括多平台在体系层面的一体化。在美军的赛博战武器的发展需求中，统一平台是美国赛博司令部首批发展的主要武器系统之一，它将允许网络部队共享信息，执行任务计划并提供执行赛博任务所需的指挥和控制工具。

赛博空间作战、电子战、电磁频谱战统一指挥控制能力分解及其需求见表7-6。

表7-6　赛博空间作战、电子战、电磁频谱战统一指挥控制能力分解及其需求

序号	能力分解项	能力需求
1	赛博/电磁统一态势发布能力	向上级指挥机构和作战单元实时发布战场赛博/电磁统一态势
2	赛博/电磁力量统一任务规划能力	对参战赛博/电磁力量在联合作战框架下，进行统一任务规划

续 表

序号	能力分解项	能力需求
3	赛博/电磁力量任务规划仿真推演、智能训练能力	对参战赛博/电磁力量在联合作战框架下的任务规划进行全要素仿真推演，对智能系统进行学习训练
4	赛博/电磁力量作战平行仿真推演、实时任务重规划能力	对赛博/电磁力量在联合作战框架下实施的作战行动进行平行仿真推演，对战场态势预知先觉，依据战场态势变化和进展，对作战任务进行实时重新规划
5	战场赛博/电磁力量统一指挥控制能力	对赛博/电磁力量在联合作战框架下，实施统一指挥控制，必要时可授权自主指挥
6	战场赛博/电磁作战效果统一评估能力	对赛博/电磁作战效果进行统一评估，向上级指挥机构上报评估结果和下一阶段任务设想，依据设想实时进行下一阶段任务规划

(7)多域力量综合运用能力

赛博空间作战与赛博空间、电磁空间密切相连，同时也与陆海空天等物理空间的动能打击方式紧密相关，赛博空间作战是一个典型的多域作战力量综合运用的作战行动。赛博空间作战行动运用多域力量，同时赛博空间作战行动的结果也影响多域作战行动的实施，两者之间是互为依托、互相支撑的。因此在指挥层面，赛博空间作战力量必须融入联合作战体系，在联合作战框架下，统一指挥，统一运用。

多域力量综合运用能力分解及其需求见表7-7。

表7-7 多域力量综合运用能力分解及其需求

序号	能力分解项	能力需求
1	多域力量综合运用任务规划能力	在联合作战框架下，依据上级指挥机构预案，对在多域力量综合运用场景下的赛博/电磁力量作战使用进行任务规划，协调冲突、弥补漏洞

续 表

序号	能力分解项	能力需求
2	多域力量综合运用实时协调能力	在多域力量综合运用场景下，对在实施过程中出现的冲突、漏洞进行实时协调，将赛博/电磁力量取得的作战效果上报指挥机构，也可按预案及时通报相关作战单元

7.5.3 赛博空间作战关键技术领域辨识

对赛博空间作战关键技术领域的辨识较为困难，因为赛博空间作战目前尚不十分定型，许多技术尚处于探索发展阶段。依据现有资料，对关键技术进行初步辨识如下：

(1)传感器技术领域

赛博空间作战对战场态势感知的要求很高，要求传感器对微弱信号具有足够敏感的感知能力。传感器类型主要包括射频传感器、无源传感器、光电传感器，以无源传感器为主。小型化、低功耗、分布式部署的多功能传感器是发展的目标。

对感知能力的需求为：更远、更准、更快、更隐身、更闭环。

1)更远指的是看得更远。看得更远可以获得更为充足的作战准备时间，看得更远是形成有效作战能力的前提。

2)更准是指对信息的感知准确度更高。一方面，准确度更高的感知信息可大幅提升目标识别、打击引导的效能，有效放大火力打击的效果；另一方面，准确度更高的信息有助于准确判断敌方装备的状态和作战意图，为实施有效电子对抗提供准确的技术依据。

3)更快是指感知信息的利用更快、更实时。从达成战役战术目的的角度看，信息的利用才是最终目的。通过信息控制火力进行物理打击，要求与信息有关的各个环节有较高的质量与速度，以形成“发现、定位、跟踪、瞄准、打击和评估”的打击链并且不断缩短这条打击链的时间。

4)更隐身是指传感器要实现更高层次的射频隐身。不但飞机平台隐身,使对手的传感器看不到自己,还要使我的传感器看你时,你也感觉不到,你被监视、被跟踪甚至被攻击,你都毫无察觉。这种隐身所形成的信息优势是电磁维单向透明的信息优势,对作战样式的改变具有想象不到的推动作用。

5)更闭环感知指电子战系统对战场态势和电子战的效果要能实现闭环感知,一是与任务闭环合,二是与敌方的反应闭环。电子战效果的感知闭环与火力打击的效果闭环相比,技术难度较大。与任务闭环合可基于先验信息进行(如任务规划),而与敌方的反应闭环则更多是要基于实时信息(综合态势实时感知)。

(2)信息融合解析辨识技术领域

传感器感知的信息需要通过融合和解析,获取对战场态势的实时精确认知。对信息融合解析技术领域的需求包括多源、异构、分布式信息的融合处理、信息的智能辨识、数据库的生成/维护/管理/应用等,尤其是对于信息融合解析辨识处理的实时性需求难度很高。此外,依据感知信息,判断干扰/注入效果,形成作战效果闭环的技术难度也很高。这一技术领域需要获得智能技术、大数据技术、机器学习等新兴技术的助力。

(3)射频信号注入技术领域

射频信号注入技术领域是一个新兴的技术领域。传统的电子干扰采用的同频压制或欺骗,对对手传感器或通信链路注入的是破坏信号。面对日益增强的抗干扰能力和隐身飞机的发展,电子战有从注入破坏信号向注入控制信号发展的可能性。电子战的能力在向控制电子战方向拓展,发展深层攻击和网络攻击技术,在对探测信号辨识和分析的基础上,主动控制探测回波信号,达到利用信息链路注入控制数据的目的。在敌方不知情的情况下,对敌方装备注入控制信息,作战效果才会最佳、最有效,而隐身平台则具有担负这种隐蔽信号注入任务的先天优势。若隐身电子战发展到控制电子战的境界,则可将 F-22 的门外“踹门”升级为控制敌方“开门”。

(4)数据链技术领域

数据链是保证战场各单元通信联系和数据交互的通信链路，是形成战场网络化作战能力的依托。对数据链的需求包括隐身、保密、低截获概率、低探测概率、宽带、高速、低时延、远距等。很多需求是相互矛盾的，需要针对任务进行权衡。

(5)分布式指挥控制技术领域

作战单元将会在战场上广域分布式部署，因此需要对分布式赛博空间战/电子战/电磁频谱战进行统一的分布式指挥与控制。这一技术领域的主要内容有，分布式作战任务规划生成和推演、作战任务规划平行推演、作战任务实时重新规划、作战任务实时协调匹配等。这一技术也需要获得智能技术、大数据技术、机器学习、建模仿真等新兴技术的助力。

(6)分布式自主决策技术领域

要实现分布式无人集群赛博空间作战，分布式自主决策是智能集群作战系统实现的技术关键。分布式无人集群赛博空间作战除对空中作战平台智能化的需求外，在编队方式、指挥方式、作战样式及作战智能程度等方面都将面临颠覆性的变革。

面对日益复杂、威胁日益严峻的作战环境和对手，提升平台自身的自主作战能力十分重要。依据综合作战效果最大化原则，作战体系中的各平台发挥各自特长，贡献自己的资源，共享云端的资源，按任务需求自主优化调度使用所需资源，支持体系作战。

(7)自主协同技术领域

作战平台的协同能力要从指挥协同、信息协同、火力协同向任务协同能力领域提升，从互联、互通向互操作能力方向拓展。

“任务协同”不单是按时间进程、空间分布进行协同，而是在发挥各平台能力比较优势的条件下，按时间进程、空间分布进行自适应协同，实现作战力量能力的最大化。

要做到任务协同，则需要达到信号协同的量级，使网络中的作战平台由信息层面的协同提升为信号层面的协同，从“火力协同”升级为“任务协同”,实现作战力量的功能一体化。通过“云协同”,将体系内的作战资源整合为一体,供体系内的每一个成员以定制服务方式共享使用。

(8)赛博空间作战建模仿真技术领域

赛博空间作战是在一种虚拟空间实施的作战行动,建模仿真是研究赛博空间作战的有效手段。事先,可以通过建模仿真对赛博空间作战的内在规律进行深化认识,同时可以通过大量仿真推演对武器装备的智能系统进行学习训练;战前,可以通过仿真系统对作战任务规划进行推演,优化作战任务规划;战时,仿真系统可以通过平行推演,对战场态势进行预知先觉,实时调整任务规划,获得更佳的作战效果。

参考文献

[1] 杨建军. 武器装备发展系统理论与方法[M]. 北京:国防工业出版社,2008.

[2] 陈士涛，孙鹏，李大喜. 新型作战概念剖析[M]. 西安:西安电子科技大学出版社,2019.

[3] 麻广林，谢希权，高明洁. 装备作战概念设计框架[J]. 军事运筹与系统工程，2012，26(1)：5 - 13.

[4] 李大喜，陈士涛，张航，等. EA - 18G 作战能力及对抗策略分析[J]. 科技导报，2019，37(4)：101 - 106.

[5] 李大喜，陈士涛，李延磊. 美军 EA - 18G 作战能力及使用研究[C]//中国电子学会. 2018 全国电子战大会优秀论文. 合肥:中国电子学会. 2018.

[6] 杨曼，沈阳. 美军空中电子攻击体系研究[J]. 电子信息对抗技术，2010，25(4)：12 - 16.

[7] 夏辉. 美军舰载电子战飞机综述[J]. 电子信息对抗技术，2014，29(6)：19 - 22.

[8] 查宇飞，杨源，纪小柠. EA - 18G 作战能力分析[J]. 空军工程大学学报(军事科学版)，2013，13(1)：1 - 3.

[9] 佚名. 揭秘 EA - 6B 与 EA - 18G:一名美国海军电子战军官的自述[J]. 国际电子战，2015(4)：13 - 22.

[10] 高劲松，陈哨东，鄢玲丹. EA - 18G“击落”F - 22 对未来空战的影响[J]. 国际航空，2009(10)：29 - 30.

[11] 黄仁全，李为民. 空防对抗战场拓展到网电空间对未来国家防空的影响[J]. 国防科技，2012，33(3)：46 - 50.

[12] 黄宇民，廖楚江. 网电空间战对未来防空体系的影响研究[J]. 航天电子对抗，2013,29(6)：23 - 25.

[13] 张恒新，张晓强. 美军新型电子攻击机 EA - 18G 的作战使用及未来发展[J]. 电子工程，2015(4)：50 - 52.

[14] 李大喜，李小喜，陈士涛，等. 防空系统对抗高速反辐射导弹策略分析[C]//中国电子学会. 2019 全国电子战大会优秀论文. 合肥:中国电子学会,2019.

[15] CENTER FOR STRATEGIC AND BUDGETARY ASSESSMENTS (CSBA). Winning the Invisible War—Gaining an Enduring U. S. Advantage in the Electromagnetic Spectrum[R]. [S. l.]:[s. n.],2019.

[16] 王沙飞，鲍雁飞，李岩. 认知电子战体系结构与技术[J]. 中国科学:信息科学，2018，48(12)：1603－1613.

[17] 周波，戴幻尧，乔会东，等. 基于“OODA 环”理论的认知电子战与赛博战探析[J]. 中国电子科学研究院学报，2014，9(6)：556－562.

[18] 欧健，付东. 面向体系对抗的认知电子战发展趋势探析[J]. 军事运筹与系统工程，2019，33(1)：75－80.

[19] 张春磊，杨小牛. 认知电子战与认知电子战系统研究[J]. 中国电子科学研究院学报，2014，9(6)：551－555.

[20] 王利伟，朱晓丹，王建，等. 人工智能在电子侦察中的应用分析[J]. 航天电子对抗，2018，34(2)：29－32.

[21] 裴子鑫. 美军新版《网络空间作战条令》研究及对我军启示[J]. 空军工程大学学报(军事科学版)，2018，18(4)：101－104.

[22] 李大喜，李小喜，彭飞，等. 地面防空体系应对哈姆反辐射导弹策略分析[J]. 空军工程大学学报(军事科学版)，2019，19(4)：7－10.

[23] 李大喜，李小喜，钟军. 防空作战面临的高速反辐射导弹威胁及对策[J]. 信息对抗学术，2019(6)：72－73.

[24] 裴云，杨青山. 战斗机的隐身与电子战的博弈[J]. 航天电子对抗，2020，36(1)：46－50.

[25] 蒋平虎，苏萍贞. 关于机载电子战技术发展的思考[J]. 航天电子对抗，2018，34(2)：56－60.

[26] 胡朝晖，徐安，吕跃. 隐身条件下的双机协同电子战功率分配方法[J]. 火力指挥与控制，2020，45(6)：124－129.

[27] 代红，何丹. 飞机隐身与雷达反隐身技术综述[J]. 电子信息对抗技术，2016,31(6)：40－43.

[28] 桑建华. 飞行器隐身技术[M]. 北京：国防工业出版社，2013.
[29] 时晨光，董璟，周建江，等. 飞行器射频隐身技术研究综述[J]. 系统工程与电子技术，2021，43(6)：1452－1467.
[30] 王谦喆，何召阳，宋博文，等. 射频隐身技术研究综述[J]. 电子与信息学报，2018，40(6)：1505－1514.
[31] 贾朝文，冯兵，鄢勃，等. 战斗机电子战系统架构总体设计[J]. 航空学报，2021，42(2)：1－13.